Bonnblog
– frisch reingekommen ... (II)

Wirtschaft

Heinz-Paul Bonn
Bonnblog - frisch reingekommen ...
Drei Jahre Live-Berichte aus der Wolke

Heinz-Paul Bonn
Das Mittelständische Mehr

Klaus Mentzel
BWL für Manager
Das Wichtigste an Beispielen erklärt

Rainer Ostermann
Basiswissen Internes Rechnungswesen, 2. Auflage
Eine Einführung in die Kosten- und Leistungsrechnung

Frank Wischmann
Basiswissen Externes Rechnungswesen, 2. Auflage
Theorie – Technik – Transfer

Ergänzend zu diesen Bänden gibt es »E-Learning-Zertifikatskurse« unter www.W3L.de.

Heinz-Paul Bonn

Bonnblog – frisch reingekommen ... (II)

Ein weiteres Jahr Live-Berichte aus der Wolke

W3L-Verlag | Dortmund

Autor:
Heinz-Paul Bonn
E-Mail: hp.bonn@guskoeln.de

Bibliografische Information Der Deutschen Nationalbibliothek:
Die Deutsche Nationalbibliothek verzeichnet diese Publikation in der Deutschen Nationalbibliografie. Detaillierte bibliografische Daten sind im Internet über http://dnb.ddb.de/ abrufbar.

Der Verlag und der Autor haben alle Sorgfalt walten lassen, um vollständige und akkurate Informationen in diesem Buch und den Programmen zu publizieren. Der Verlag übernimmt weder Garantie noch die juristische Verantwortung oder irgendeine Haftung für die Nutzung dieser Informationen, für deren Wirtschaftlichkeit oder fehlerfreie Funktion für einen bestimmten Zweck. Ferner kann der Verlag für Schäden, die auf einer Fehlfunktion von Programmen oder Ähnliches zurückzuführen sind, nicht haftbar gemacht werden. Auch nicht für die Verletzung von Patent- und anderen Rechten Dritter, die daraus resultieren. Eine telefonische oder schriftliche Beratung durch den Verlag über den Einsatz der Programme ist nicht möglich. Der Verlag übernimmt keine Gewähr dafür, dass die beschriebenen Verfahren, Programme usw. frei von Schutzrechten Dritter sind. Die Wiedergabe von Gebrauchsnamen, Handelsnamen, Warenbezeichnungen usw. in diesem Buch berechtigt auch ohne besondere Kennzeichnung nicht zu der Annahme, dass solche Namen im Sinne der Warenzeichen- und Markenschutz-Gesetzgebung als frei zu betrachten wären und daher von jedermann benutzt werden dürften.

© 2014 W3L AG | Dortmund | ISBN 978-3-86834-052-5

Alle Rechte, insbesondere die der Übersetzung in fremde Sprachen, sind vorbehalten. Kein Teil des Buches darf ohne schriftliche Genehmigung des Verlages fotokopiert oder in irgendeiner anderen Form reproduziert oder in eine von Maschinen verwendbare Form übertragen oder übersetzt werden. Es konnten nicht sämtliche Rechteinhaber von Abbildungen ermittelt werden. Wird gegenüber dem Verlag die Rechtsinhaberschaft nachgewiesen, dann wird nachträglich das branchenübliche Honorar gezahlt.

Gesamtgestaltung: Prof. Dr. Heide Balzert, Herdecke

Herstellung: Miriam Platte, Dortmund

Satz: Das Buch wurde aus der E-Learning-Plattform W3L automatisch generiert. Der Satz erfolgte aus der Lucida, Lucida sans und Lucida casual.

Statt eines Blogs

Letztes Jahr fragte ich mich und damit meine Leser, ob eine Sammlung wöchentlicher Blogs in Buchform nicht einen Anachronismus darstellt – eine aus der Zeit gefallene Vergangenheitsform der Publizistik. Blogs assoziiert man mit dem Web, den sozialen Medien, mit mobilem Internet. Auf jeden Fall mit Meinungsäußerungen, die über ein flüchtiges Medium gesendet werden.

Ja, auch wenn man dem Internet bescheinigt, dass es nichts vergisst (und auch nichts verzeiht), ist es ein flüchtiges Medium. Flüchtig insofern als es dem Primat des Tagesgeschens unterliegt. Nicht einmal Lexikonbeiträge (wie man bei Wikipedia beobachten kann) sind für die Ewigkeit geschrieben. Sie sind wie alle anderen Beiträge auch Gegenstand des kontinuierlichen Updates.

Sowas geht im Buch natürlich nicht. Und dieser zweite Band mit den Wochenblogs der zurückliegenden zwölf Monate (und ein bisschen mehr) zum Nach-Nachlesen ist kein Update des ersten, sondern seine Fortführung.

Und die ist durchaus fundamental: Nichts ist mehr so wie am 15. November 2012, dem letzten Blog-Eintrag des ersten Bandes. Unser Vertrauen in die Privatsphäre, die wir im Internet zu haben wähnten, ist tief zerstört. Ausspähaktivitäten von Mobile-Phones, Mail-Accounts und Social Media beschäftigen uns seit einem knappen halben Jahr. Und mehr noch beschäftigen uns die Anpassungen, die wir vornehmen müssen – in unserem Kommunikationsverhalten, in dem, was wir wem auf welchem Weg anvertrauen.

Blogs freilich sollen gelesen werden – von möglichst vielen, also auch von Geheimdienstmitarbeitern.

Plötzlich ist die Papierform kein Anachronismus mehr, sondern Gegenstand von Sicherheitsempfehlungen. Papier kann raubkopiert werden, aber man kann es nicht abhören.

Das Buch schreibt sich gewissermaßen vom Ende her – es endet mit dem ältesten Blogeintrag, der anlässlich des siebten nationalen IT-Gipfels im November 2012 in Essen geschrieben wurde. Von dort arbeitet es sich in der Aktualität nach vorn und beginnt mit dem jüngsten Beitrag.

Und wie es von dort weiter gehen wird, kann jeder auf www.bonnblog.eu lesen – online.

Viel Spaß bei den Bonnblogs en bloc – blättern statt surfen ist doch auch mal wieder schön.

Heinz-Paul Bonn

Köln im Dezember 2013

Inhalt

1	Die Antwort weiß ganz allein… Big Data	1
2	Risiko? Welches Risiko?	5
3	Spioniert ihr noch oder klaut ihr schon?	9
4	Blackhole by Design	11
5	Ciao CIO	13
6	Unter der Wolke tobt ein Sturm	17
7	Ein Verb wird 15	19
8	Neue Fische im Teich	21
9	Minister für europäische Hightech	25
10	Silicon Wellies	27
11	Glasnost und Perestroika	31
12	Die Revolution frisst ihre Väter	33
13	Die Post-New-Economy	35
14	Kryptisches zur Verschlüsselung	39
15	Weit ab vom Schuss	43
16	Kein Kopfzerbrechen!	45
17	Content – das Blaue vom Cloud-Himmel	47
18	Lasst uns Freunde bleiben…	51
19	Houston, wir haben kein Problem!	55
20	Oh Zeiten, oh Sitten	59
21	Privacy by Design	61
22	Deutscher Komplexitäts-Komplex	63
23	Nie sollst du mich befragen…	65
24	Three Hugs a Day Keep the Doctor Away	67
25	Stühlerücken für Silberrücken	69

Inhalt

26	Veni, Vidi, Wiki	71
27	Information At Your Fingertouch	73
28	Das Ende der ERP-Höfe?	75
29	Das Internet der was auch immer	77
30	Der Problem Computer	79
31	Ich bin doch nicht BYOD!	81
32	Bitte, nicht stören!	83
33	Wer hats erfunden?	85
34	Genossen, schafft für mehr Sicherheit!	87
35	SolBIT – alt genug zum Teilen	89
36	Internationaler Büchsen-Macher	91
37	Der Teilen-Beschleuniger	93
38	Was geschieht in Berlin, wenn in Indien ein Sack Reis umfällt?	95
39	Er war noch niemals im Silicon Valley	97
40	Zink plus Vitamin C	99
41	Da wo's was zu tun gibt	101
42	Mehr Mittel im Mittelstand	103
43	Controlling ist gut, Vertrauen auch	105
44	CESons Greetings	109
45	Mehr eChristmas	111
46	Mehr Leitung, weniger Leute	113
47	Teilen und mitteilen	115
48	In Dubai dabei	117
49	Ein Zehnkämpfer der Logistik	121
50	Internet killed the Newspaper Star	123

51 **Gipfel der Bescheidenheit** 125

1 Die Antwort weiß ganz allein... Big Data

Das sind wahrlich »Big Data«: 383 Asse in der Saison 2013 (bislang), 84 Prozent der eigenen Aufschlagspiele gewonnen, 55 Prozent der gegnerischen Aufschlagspiele gewonnen – und 21 Grand-Slam-Titel in ihrer 18jährigen Profikarriere. Das ist Serena Williams in Daten. »Sie ist ein Daten-Nerd«, rief Moderator Jake Porway begeistert auf, nachdem die Tennis-Queen den rund 13000 Besuchern der IBM Information on Demand-Konferenz (IoD) in Las Vegas gestanden hat, dass sie ihre Grand Slam-Siege nicht nur der eigenen Konstitution und Kondition zu verdanken hat, sondern auch dem riesigen Datenmaterial, das sie über ihre Gegnerinnen gesammelt hat und regelmäßig auswertet: Wann wie welcher Schlag zu erwarten ist. Was früher Scouts und Videoaufnahmen erledigten, leisten heute Big Data Analytics.

Abgelegt am 11. November 2013

Obwohl – ganz so große Datenmengen fallen jetzt bei den Analysen der Tennisgigantin nicht an. Aber sie sind Teil jener 2,5 Trillionen Daten, die aus unterschiedlichsten Quellen – von Social Media bis Telefonverbindungen – täglich auf diesem Erdball erzeugt werden. Dass aus ihnen mehr zu holen ist als es Facebook, Google oder die NSA derzeit zu leisten vermögen, ist die zentrale Message, die ich von der IBMIoD im Mandalay Bay Hotel in Las Vegas mitgenommen habe.

Immerhin ein Investment von 20 Milliarden Dollar hat es sich IBM im zurückliegenden Jahr kosten lassen, um durch Akquisitionen und Innovationen ein komplett runderneuertes und erweitertes Produktportfolio für Business Analytics und Big Data anzubieten. Dazu gehören neben der BLU-Architektur für Data Warehousing und Number Crunching Tools, mit denen auch Laien Daten analysieren und vor allem visualisieren können, sowie neue Einsatzbereiche für Watson, den Prototyp des Cognitive Computings, also der Wissensverarbeitung.

Aber Produkte scheinen gar nicht so sehr im Mittelpunkt der Kommunikationsoffensive von IBM zu stehen (»a fool with a tool is still... as the saying goes.«). IBM geht es vielmehr darum, ein Klima für die Lust auf Erkenntnisgewinn zu erzeugen, aus dem sich schließlich entweder Wachstum für Gesellschaften oder Wohlstand für die Gesellschaft ableiten lassen. Entscheidungsunterstützung für Entwicklungshelfer beispielsweise, die mit Big Data potenzielle Zielgebiete für Brunnen in Dürregebiete ausloten.

Da wurde IBM richtig staatsmännisch und sang das Hohelied auf die Wohltätigkeit der Datenanalyse. »Daten sind das neue Öl«, formulierte Jake Porway – und allein in den USA werde es in den kommenden Jahren Bedarf für 150.000 Datenexperten geben, die künftig die Diamantnadel im Datenhaufen finden helfen sollen. Denn eines wurde auch klar hier auf der IoD in Las Vegas: Die Daten sind zu wichtig, als dass man sie den CIOs überlassen dürfe. Daten sind der neue Baum der Erkenntnis.

Aber die Fähigkeit, Fragestellungen zu entwerfen, die durch Big Data-Analysen zu einem Mehrwert und damit zu mehr Gewinn führen, ist eine Sache. Die zweite ist es, das Ganze mit dem richtigen Fokus zu realisieren. Dazu braucht man nicht alleine Werkzeuge, sondern vielmehr Berater, die bei der Implementierung der Lösung helfen – hier sieht sich IBM mit einem weltumspannenden Beraternetz bestens aufgestellt. Und hier sollen in den kommenden Jahren auch bis zu zehn Prozent des IBM-Umsatzes generiert werden.

Aber drittens ist es ebenso wichtig, den angesammelten Goldschatz der großen Datenmengen auch zu schützen – vor dem Missbrauch und dem Zugriff Dritter. Auch hier sieht IBM mit einem ganzen Heer von Beratern beste Marktaussichten. Die jüngsten Erkenntnisse darüber, wie leicht es heutzutage ist, große Datenmengen zu beschaffen, haben das Sicherheitsbewusstsein auch bei den 13000 Teilnehmern der IBMIoD geschärft.

Und auch in Deutschland werden im Umfeld des Sicherheits-Gipfels neue Warnungen und Wegweisungen herausgegeben. Mehr Datenschutz und Datensicherheit durch exklusives Routing im Schengen-Raum, fordert zum Beispiel der Bitkom in einem Neun-Punkte-Programm. Der Kampf gegen Wirtschaftsspionage, die Klärung des Rechtsrahmens bei nachrichtendienstlicher Überwachung oder die Gewährung eines europaweiten Schutzes vor Ausspähung sind weitere Forderungen zum Schutz der informationellen Selbstbestimmung. Dabei ist klar – die Herkunft der Daten muss rechtlich abgestützt und transparent sein. Die Fragestellungen hingegen, mit denen Unternehmen und Organisationen künftig an große Datenmengen herangehen, sind die jüngste Form des intellektuellen Kapitals. Die Märkte von Morgen werden nicht über Antworten erobert, sondern über Fragestellungen. Das ist irgendwie ermunternd.

2 Risiko? Welches Risiko?

Die weltweit größten Cloud-Anbieter kommen aus den USA – dies gilt trotz Datev, trotz SAP, trotz Deutscher Telekom, die hierzulande mit hohen Investments das Geschäft mit der Datenwolke vorantreiben wollen. Der Aufwand, den sie dazu marketingtechnisch betreiben müssen, hat jedoch in den vergangenen Monaten dramatisch zugenommen. Der Grund: Die Cloud, der ohnehin vor allem im Mittelstand größte Skepsis entgegengebracht wurde, leidet unter einem massiven Imageverlust. Und auch der kommt vor allem aus den USA – aus den Ausspäheinrichtungen der NSA und aus dem Weißen Haus, das mit lauwarmen Reaktionen Ressentiments schürt.

Abgelegt am 4. November 2013

Dabei sehen die aktuellen Nutzungsdaten gar nicht mal so schlecht aus: Nach Ermittlungen der Marktbeobachter von PricewaterhouseCoopers (PwC) nutzt derzeit jedes zehnte Unternehmen die Wolke. 78 Prozent allerdings sehen keinen Bedarf. Die Gründe: Angst vor Kontrollverlust über die eigenen Daten und mangelnde Datensicherheit. Auch die Sorge, bei Netzausfall von den eigenen Daten abgehängt zu sein, geht um.

Kontrollverlust? Setzt der Verlust der Kontrolle nicht den Besitz der Kontrolle voraus? Es ist aber eklatant, dass gerade im Mittelstand der bekundeten Sorge um Datensicherheit gleichzeitig eine oftmals nicht eingestandene Sorglosigkeit bei Infrastrukturmaßnahmen zur Datensicherheit gegenüber steht. Der TÜV Rheinland kommt anlässlich seiner jüngsten Risikostudie zu dem Ergebnis, »dass den Mittelstand eine hohe Risikobereitschaft auszeichnet – 43 Prozent aller Befragten schätzen sich im Vergleich zu ihren Mitbürgern als risikofreudiger ein.« Das ist auch eine der Stärken des Mittelstands.

Der TÜV Rheinland warnt aber gleichzeitig: »Paart sich geringe Risikosensibilität mit hoher Risikobereitschaft, kann dies die Existenz von Unternehmen massiv gefährden.« Großer Nachholbedarf besteht laut Studienergebnis beim Thema Risikomanagement. 25 Prozent aller befragten Unternehmen haben kein Managementsystem und rund 30 Prozent nehmen keinerlei Risikosteuerung vor. Standardisierte Messmethoden und Analysen werden nur von neun Prozent umgesetzt. Ökologische und soziale Faktoren spielen auch hier kaum eine Rolle, geeignete flächendeckende Maßnahmen in diesen Bereichen sind stark defizitär. Insgesamt sehen über zwei Drittel der Befragten noch Verbesserungsbedarf hinsichtlich der Sicherung der Zukunftsfähigkeit ihres Unternehmens.

Zwar bezieht sich die Studie des TV Rheinland auf die Risikowahrnehmung im Allgemeinen – ich meine aber, dass sie im Besonderen auf den Umgang mit der IT und darin mit dem Cloud Computing zutrifft. Wer Ressentiments gegenüber dem Cloud Computing hegt, sich gleichzeitig aber in einer vermeintlichen Sicherheit bei der hauseigenen Informationstechnik wähnt, geht aller Wahrscheinlichkeit ein deutlich höheres Risiko ein, als wenn er professionellen Cloud-Anbietern – und seien es amerikanische Anbieter – vertraut.

Denn das wahre Gefährdungspotenzial offenbart die polizeiliche Kriminalstatistik. Sie berichtet für das Jahr 2012 im Vergleich zu 2011 einen Anstieg im Bereich der IuK-Kriminalität um rund 7,5 Prozent auf rund 64000 Fälle – das sind immerhin mehr als 300 Fälle pro Werktag. Besonders bemerkenswert ist dabei der Anstieg im Bereich von Datenveränderung und Computersabotage um 134 Prozent auf fast 11000 Fälle. In 16000 Fällen von Ausspähung und Abfangen von Daten wurden im gleichen Zeitraum ermittelt.

Die mit Cloud Computing assoziierten Risiken sind also längst – und eben auch ohne Cloud Computing – Realität. Und auch unterhalb der »Risikoschwelle Cloud Computing« gibt es genügend Risikopotenzial. 21 Millionen Smartphones wurden im vergangenen Jahr verkauft. Zusammen mit Tablet-Computern sorgen sie für einen neuen Trend am Arbeitsplatz – »Bring your own device« –, der nicht nur dazu führt, dass die Grenzen zwischen privater und beruflicher Nutzung von moderner Informations- und Kommunikationstechnik immer weiter verwischen. Neben höheren Freiheitsgraden, die durch eine steigende Flexibilität entstehen, ergibt sich auch ein höheres Sicherheitsrisiko durch Verlust von Geräten, Abhören im öffentlichen Raum oder unkontrolliertem Mailverkehr.

Daraus ergeben sich nicht nur Anforderungen an die IT-Infrastruktur, sondern vor allem an die Definition von Arbeitsregeln, Standards und Prozesse. Die Diskussion um Sicherheit wird dagegen nahezu ausschließlich über die Technik geführt. Tatsächlich aber legt die Risikostudie des TÜV Rheinland eher nahe, dass insbesondere das Management und die Prozessverantwortlichen ein stärkeres Risikobewusstsein erreichen müssen. Denn nur ein bekanntes Risiko kann man auch vermeiden. Das gilt mit und ohne Cloud.

3 Spioniert ihr noch oder klaut ihr schon?

Abgelegt am 28. Oktober 2013

Es ist ja in Blogs, Posts und News jeden Montag eine gute Übung, das am Wochenende in TV-Talkshows Abgehörte zu kommentieren. Wir wollen da auch nicht länger zurückstehen mit unserem Fazit: Für Verschwörungstheoretiker herrscht Hochkonjunktur! Geht es nach den Talkrunden, dann verheimlichte uns bis vorgestern die katholische Kirche den Milliardenreichtum ihrer Bistümer und bis gestern verheimlichte uns die US-amerikanische Botschaft in Berlin das Vorhandensein ihrer Ausspäheinrichtungen.

Mal abgesehen von der Frage, welchen Unterschied im Grundrechtanspruch es eigentlich machen soll, ob das Handy der Kanzlerin oder meins ausgespäht wird, bleibt zu diskutieren, wie ein von Kontinentaleuropa ernst genommenes Grundrecht im internationalen Maßstab gegen die Möglichkeiten der Technik und die mangelnde Ethik der Technologie-Supermächte gewahrt werden soll. Mehr Kryptografie, wie es die Telekom will? Mehr europäisches Engagement in IT-Technologie, wie es der geschäftsführende Wirtschaftsminister will? Oder mehr Aussperrung für Ausspäher, wie es der Wissenschaftsjournalist Ranga Yogeshwar Sonntagabend bei Günther Jauch wollte?

Seine Einlassung zu Ausweisung amerikanischer Technologie-Unternehmen sollte eigentlich das Eröffnungsstatement für die nächsten Talkshows zur Ausspähaffäre werden. Denn die Hilflosigkeit, mit der die Europäer, offensichtlich allen voran die Deutschen, gegenüber den negativen Folgen der globalen Digitalisierung reagieren, ist fast schon beschämender als die ohnehin schon schändliche Tatsache, dass der Technologiewettlauf ins Internet hoffnungslos verloren gegeben worden ist.

Spioniert ihr noch oder klaut ihr schon? Sich gegen Ausspähung nicht zu wehren, ist selbstmörderisch – für den Rechtsstaat ebenso wie für die Wirtschaft. Denn neben der Intimsphäre jedes einzelnen Menschen ist das Insiderwissen jedes einzelnen Unternehmens das schützenswerte Gut eines Gemeinwesens. Beides ist jetzt gefährdet. Und während das Ausspähen von Kanzlerworten ein Vertrauensbruch ist, ist das Klauen von Know-how schlicht Diebstahl. Und beides ist ein Rechtsbruch.

Dagegen gibt es Mittel: Gesetze taugen nur so viel, wie zu ihrer Durchsetzung auch unternommen wird. Wenn die Kanzlerin jetzt eine Resolution in die UN-Vollversammlung einbringen will, wonach Ausspähung und Datenklau im Stil des 21. Jahrhunderts geächtet werden soll, dann ist das eine Initiative. Wenn die künftige Bundesregierung eine europäische Technologie- und Wirtschaftsoffensive lostreten würde, mit deren Hilfe wir uns aus dem Technologiediktat befreien könnten, dann wäre das die andere, wesentlichere Initiative. Mit »Industrie 4.0« gibt es immerhin einen Ansatz für eine solche Aufholbewegung. Doch fehlt ihr bislang der politische Impetus.

Die Informations- und Kommunikationstechnik führt uns in den kommenden Jahren unweigerlich in die Cloud. Inwieweit wir Europäer bei ihrer Gestaltung mitreden oder nur abgehört werden, liegt an uns. Wir brauchen kein Lamento auf der Fernseh-Couch, sondern einen handfesten Plan zur Wiedererlangung europäischer Technologieführerschaft. Wer führt, wird nämlich nicht angeführt – nicht einmal von Freunden.

Und deshalb ist es auch das schädlichste Signal, als Technologieunternehmen öffentlich darüber zu sinnieren, seinen Firmensitz in die USA und sein Marktzentrum nach China zu verlagern. Aber darüber zu reden, ist ja nur noch eine Plattitüde...

4 Blackhole by Design

20 Millionen Euro Umsatz pro Jahr aus einem einzigen Softwarepaket – das ist für ein mittelständisches Softwarehaus, von denen es in Deutschland Zehntausende gibt, eine feine Sache. Für SAP, das heute einen Quartalsumsatz von mehr als vier Milliarden Euro ausweisen wird, sind es die berühmten Peanuts. Alles andere als Erdnüsse dagegen sind die nach unterschiedlichen Quellen auf drei Milliarden aufgelaufenen Investitionen, derer es bedurfte, um die erste (nahezu) komplette Cloud-Software fürs Enterprise Resource Planning, Business by Design, zu entwickeln, mit einer Cloud-Infrastruktur zu versehen und schließlich zu vermarkten.

Abgelegt am 21. Oktober 2013

Nur um die Dimensionen zu verdeutlichen: Würde sich nichts ändern, brauchte SAP 150 Geschäftsjahre, um mit By Design Umsätze in der Größenordnung der mutmaßlichen Investitionen zu erreichen. Kein Wunder, dass Produkt- und Technologie-Vorstand Vishal Sikka dieses Schwarze Loch aus seinem Kosmos entfernen will und jetzt das Aus für die Cloud-Software verkündet hat, wie am Wochenende nahezu alle Wirtschafts-Plattformen in Prints und Posts verkündeten.

Aber hat er das wirklich getan? Die offizielle Welt der SAP rotierte am Wochenende, um diese Fehlinterpretation zu korrigieren. Und die Medien schwenkten um: Nicht Business by Design werde eingestellt, sondern die Technologieplattform, auf der es beruht, wird runderneuert – mit der In-Memory-Datenbank Hana als neue Basis.

Zwei Grundprobleme, mit denen SAP seit der vollmundigen bis vorlauten Markteinführung von Business by Design 2007 zu kämpfen hatte, sollen behoben werden.

Erstens: die Nachfrage in der Cloud konzentrierte sich nicht auf monolithische Großanwendungen wie ERP, sondern auf Teilbereiche wie CRM, Projektmanagement, Finanzen, die als Cloud-Services in Ergänzung zu bestehenden standortgebundenen IT bereitgestellt werden, sowie auf hochspezialisierte Apps, die für den mobilen Nutzer zur Verfügung stehen. Deshalb kaufte SAP die Cloud-Spezialisten SuccessFactors und Ariba, die solche Teilaspekte bereits ideal abdeckten.

Zweitens: Die Kommunikation zwischen Anwendungsserver und Datenbankserver entpuppte sich als Flaschenhals in der Cloud, der für Wartezeiten sorgte, die an den Beginn des Internet-Zeitalters erinnerten. SAP hatte dies zunächst mit Zusatzinvestitionen in die Rechenzentrumskapazität auszugleichen versucht. Doch dann kam Hana, die die nervigen Datenbankaufrufe massiv beschleunigte.

Es ist nur konsequent, wenn SAP jetzt für Business by Design ein technologisches Revirement beschließt, und die SAP Hana Cloud Platform als Performance-Fundament für alle Zukunftsprodukte des Unternehmens – also eben auch für Business by Design – in die Architektur einziehen will. Das soll jetzt geschehen. In der Zwischenzeit bekommen ByD-Kunden ein weiteres Release – mit alter – beziehungsweise im Marketingdeutsch: bewährter – Technik.

Wenn SAP intern von Echtzeit in »Google-Geschwindigkeit« spricht, dann offenbart sie, wer im Markt die eigentliche Standardkerze ist, an der SAP künftig die eigene Strahlkraft messen will. Es sind weniger die anderen ERP-Boliden wie Microsoft, Oracle oder Infor – es sind die Internauten der dritten Generation wie Facebook, SalesForce oder eben Google, an denen sich SAP messen lassen will. Das hatten schon die angekündigten Wachstumsraten anzeigen sollen: 10.000 Kunden und eine Milliarde Umsatz waren für das Jahr 2010 angekündigt worden. Doch das stürmische Cloud-Geschäft blieb aus – auch weil sich SAP – anders als ihre Web-Idole – technologisch an die Vergangenheit geklammert hatte.

Das soll jetzt anders werden: Und zwar erst einmal im Alleingang. Partner dürfen Add-Ons entwickeln wie bisher. Der Weg zu einer echten offenen Plattform, auf der andere ihre Lösungen aufsetzen und gemeinsam mit SAP vermarkten ist noch weit. Aber das ist kein Wunder. Erst muss mit Hana das Schwarze Loch gestopft werden.

5 Ciao CIO

Abgelegt am 14. Oktober 2013

Fast möchte man mit der bösen Königin fragen: »Spieglein, Spieglein an der Wand, wer ist der Wichtigste im Land?« Und der Spiegel in Walt Disneys Märchenschloss in Orlando würde unweigerlich zu antworten haben: »Frau Königin, Ihr seid die wichtigste hier. Aber der CIO hinter den sieben Servern ist noch tausendmal wichtiger als Ihr!« Nirgendwo sonst wird der Chief Information Officer so hofiert wie auf dem Gartner Orlando Syposium/ITxpo, das soeben zu Ende ging. Und mit immerhin 500 Einzelsessions mit zusammengenommen 8500 Besuchern ist das auch die größte Ansammlung von CIOs weltweit. Jeder vierte Gast, rund 2100 Besucher, nannte diese Berufsbezeichnung.

Gartners Vizepräsident Peter Sondergaard brachte es in seiner Keynote auf den wunden Punkt: Der oder die CIO repräsentiert deshalb das wichtigste Amt im Unternehmen, weil aus den disruptiven Kräften der Informations- und Kommunikationstechnologie die entscheidenden Impulse für das zukunftsorientierte Unternehmen kommen – egal, ob in der Industrie, in der Dienstleistung oder im Finanzsektor.

Denn jedes Unternehmen ist unabhängig von seiner Kernkompetenz, seinen Kernmärkten und seinen Kernprodukten zunächst einmal eine technologiegetriebene Firma. Und Technologie meint hier insbesondere: ITK. Alle Zukunftsentscheidungen, so Sondergaards Credo, werden demnach von der IT-Strategie beeinflusst. Deshalb sagt Gartner auch eine Umwertung der Werte voraus: Künftige Finanz- und Investitionspläne im Unternehmen sind vor allem IT-Budgets.

Cloud Computing, Social Collaboration, mobiles Internet und das Internet von so gut wie fast Allem – einschließlich großen Datensammlungen aus dem Input von Search Engines und Sensoren, Aktoren und Autoren – werden jede langfristig strategische und kurzfristig taktische Entscheidung beeinflussen. Ja, sie sind im Grunde genommen die wahren Treiber dieser Entscheidungen. Sondergaard ist sich sicher, dass zum Beispiel Konsumgüterhersteller in zunehmendem Maße ihr Produktdesign direkt aus dem Feedback ihrer über das Web verbundenen Kunden assimilieren. Was gut ist und was nicht, das entscheidet künftig nicht mehr das Marketing, sondern die Schwarmintelligenz der weltweiten Kunden. Schon übernächstes Jahr, ist sich Gartner sicher, werden Konsumgüterhersteller, die sich vom Schwarm steuern lassen, leicht besser abschneiden als die, die noch auf die eigene Marktintelligenz setzen.

Das klingt happig, ist aber noch nicht einmal die alarmierendste aller Voraussagen, mit denen Gartner die Bedeutung des Chief Information Officers, der also eigentlich ein Chief Sourcing Officer sein wird, untermalt. Bis zum Jahr 2017 nämlich, so mutmaßt Gartner, werden 75 Prozent der privaten Konsumenten ihre personenbezogenen Daten zusammenstellen und gegen Rabatte bei ihren wichtigsten Lieferanten eintauschen. Statt also mehr Verbrauchersicherheit und Datenschutz zu verlangen, geht es den gläsernen Käufern künftig nicht um mehr Anonymität, sondern um mehr Kreditwürdigkeit. Das ist Transparency in einer völlig neuen Auslegung.

Die wird sich laut Gartner auch in Bezug auf Datensicherheit ins völlige Gegenteil umkehren. Der Chief Information Officer des Jahres 2020 wird sich im Kampf um Geheimhaltung unternehmenskritischer Daten geschlagen geben, weil er erkennt, dass er Dreiviertel des Daten- und Mailaufkommens schlichtweg nicht vor dem Zugriff Dritter schützen kann. Die Sicherheitsstrategie im dritten Jahrzehnt dieses Jahrtausends wird also lauten: Lasset die Raubkopierer zu mir kommen.

Und nicht nur die Daten werden zum Gemeingut – ein Großteil der Produkte selbst wird es auch. Dazu führt unweigerlich das Aufkommen von 3D-Druckern, die es Wettbewerbern und Kunden, die in den Besitz von gerenderten Produktansichten kommen – und wer sollte das in der multimedialen Welt des Jahres 2020 nicht schaffen? –, erlauben, sich ihre eigenen Raubkopien zu produzieren. Nur Hightech-Produkte sind dann noch vor der Reproduktion aus dem Drucker geschützt. Aber so ein Designerteil wie, sagen wir, eine »Nana« von Niki de Saint Phalle wäre dann schnell gemacht. Schade nur, dass die sich als Mitbringsel auch nicht mehr eignet. Die hat sich ja dann schon jeder selbst gedruckt.

Am Ende aber – und das sagte Gartner auf dem Symposion in Orlando nicht – wird auch der Chief Information Officer nicht zu retten sein. Denn wenn Daten und Güter frei durchs

Web – oder wie das Internet of Everything dann auch immer gerade heißen wird – mäandern, dann ist auch die individuelle IT-Strategie frei verfügbar. IT ist so disruptiv, dass es sogar die Kinder der eigenen Revolution frisst.

Apropos: Microsofts Noch-CEO Steve Ballmer gab auf dem Gartner Symposion eine seiner letzten großen Keynotes – launig, spritzig, witzig. Die CIOs des Jahres 2013 werden ihn vermissen – bis sie selbst verschwinden...

6 Unter der Wolke tobt ein Sturm

Durch Cloud Computing, sollte man meinen, verlieren die Standorte an Bedeutung. Wenn Software ubiquitär zur Verfügung gestellt werden kann, dann ist es egal, von wo aus man darauf zugreift. Das ist die reine Lehre aus Anwendersicht.

Abgelegt am 7. Oktober 2013

Aus Anbietersicht scheint es genau anders herum zu laufen. Wenn Software von überall auf der Welt zur Verfügung gestellt werden kann, dann ist es entscheidend, an den Standorten zu agieren, wo die smartesten Leute, die besten Ideen und die kreativste Kultur existieren. Und offensichtlich ist es das, was den agilen Aufsichtsratschef der SAP AG, Hasso Plattner, umtreibt.

Er möchte die rund 6000 Entwickler in Deutschland nicht nur schütteln, um sie aufzurütteln. Er möchte auch den Firmensitz dahin verlagern, wo er selbst längst das Epizentrum des Cloud-Bebens lokalisiert hat – ins kalifornische Silicon Valley, nach Palo Alto, wo er selbst seit Jahren wohnt.

Die zukünftige Cash Cow der zukünftigen SAP SE hingegen, die In-Memory-Datenbank HANA, wurde in wesentlichen Teilen am Plattner-Institut in Potsdam entwickelt. Und die neue auf HANA basierende SAP Business Suite wird mindestens so intensiv von europäischen Anwendern im Piloteinsatz getestet wie in den USA.

Dennoch ist das Gras in Kalifornien durch Hasso Plattners Brille gesehen grüner.

Deutschland, so macht er in immer lauter werdenden Zeitungsinterviews und in immer schwieriger durch die Belegschaft in Walldorf zu verdauende interne Memos deutlich, ist einfach kein Standort für das schnelle Geschäft mit dem Cloud Computing. Der Wow-Effekt findet bei den Präsentationen auf dem biederen Walldorfer ERP-Hof einfach nicht statt. Im Silicon Valley hingegen glänzen die jungen Start-ups mit den Smart-Apps bei ihren Pitches vor Venture Capitalists.

SAP spielt offensichtlich die umfassende Neuordnung der Welt in der eigenen Nussschale nach: Deutschland ist als Standort einfach nicht sexy genug und SAP verträumt - weich gebettet in den Pfühlen der stetig fließenden Wartungseinnahmen ihrer auf Jahre durch horrende Investitionen gebundenen globalen ERP-Kunden – die Zukunft. Deutsche Entwickler, so könnte man Plattner interpretieren, haben den Kopf nicht in den Wolken, sondern im Sand.

Derzeit scheint Plattner allerdings das exakte Gegenteil von dem zu erreichen, was er bezwecken möchte. Die Walldorfer Programmierer, die mit einem Durchschnittsalter von 38 Jahren in der Tat den personell ältesten Entwicklungsstandort der SAP repräsentieren, fühlen sich angesichts der Verlagerungsdebatte und der Demotivationsmails eher verunsichert bis verunglimpft. Das wäre in der Tat verdorrtes Gras, auf dem Kreativität eine seltene Blume wäre.

Vielleicht aber schaut Plattner nur auf den nächsten Trend – den offensichtlichen – und übersieht dabei den übernächsten Trend, der für den Standort Deutschland äußerst chancenreich ist. Die Kanzlerin hatte jetzt im Umfeld ihrer Sondierungsgespräche auf der Suche nach einer belastbaren Koalition auch eine Richtlinie für eine einheitliche Internet- und Industriepolitik formuliert. Wir werden, meinte sie in ihrer wöchentlichen Videobotschaft, dies vor allem in der Automobilindustrie, im Maschinenbau und in der chemischen Industrie beweisen. »Hier muss Deutschland Weltspitze sein, und darauf müssen wir besonders achten«, sagte die Kanzlerin, die weiterhin drei Prozent des Bruttoinlandsproduktes für Forschung auszugeben plant.

Die globalen Automobilbauer, Maschinenbauer und Chemieunternehmen sind in ihrer überwiegenden Zahl SAP-Kunden. Diese Anwender haben SAP groß gemacht. Und sie erwarten jetzt von ihrem IT-Hoflieferanten Initiativen in Richtung Industrie 4.0. Es wäre das Premium-Assignment für die Walldorfer Entwickler, der nicht in flotten Präsentationen, sondern durch fitte Prozessinnovationen befördert wird. Das wäre eine frische Brise unter der Walldorfer Gewitterwolke.

7 Ein Verb wird 15

Ist es nicht merkwürdig, dass Apple seiner iOS 7-Oberfläche ein Farbschema aufgedrängt hat, das verdächtig nach Android aussieht? Kann es sein, dass Apple, die Ikone der Iconisierung, seine gestalterische Vormachtstellung an Google verliert? Immerhin ist Apple noch nie gelungen, was Google innerhalb kürzester Zeit schaffte – den eigenen Firmennamen zum weltweit verstandenen Verb zu verewigen. Wer appelt schon? Oder ituned jemand? Wer sagt: »Ich muss das jetzt mal padden.« Aber googeln, das tun wir alle. Jeden Tag, wenn´s geht.

Abgelegt am 30. September 2013

Seit 15 Jahren tun wir das, obwohl wir die ersten Aufrufe der Suchmaschine mit der supereinfachen Benutzeroberfläche – ein Eingabefeld, ein Such-Button – damals noch nicht mit diesem Verb belegten. Das kam erst um die Jahrtausendwende, als sich auch der internationale Stoßseufzer verbreitete: »Was haben wir früher nur ohne Google gemacht?«

In der Tat: Volltextsuche im gesamten pentabyte-weiten Datenraum des Internets in Sekundenschnelle, das ist zwar immer nur ein kleiner Webseitensprung für den Einzelnen, aber ein Quantensprung für die Informationsgesellschaft. Was macht es schon, dass die Suchergebnisse ein wenig manipuliert sind, dass wer zahlt auch auf der ersten Seite anschafft. »Corriger la fortune!« (Die Floskel habe ich sicherheitshalber noch schnell gegoogelt.)

Dass dabei Interessensprofile mitgeschrieben werden, haben wir bis zu den Snowden-Enthüllungen achselzuckend zur Kenntnis genommen. Was ist schon dabei, wenn wir durch unser Abfrageverhalten Suchergebnisse beeinflussen, wenn wir Werbeeinblendungen optimieren helfen. Die kontextspezifischen Anzeigenschaltungen sind immerhin so erfolgreich, dass Google vom jährlichen Online-Werbemarkt mit einem Gesamtvolumen von 117 Milliarden Dollar 32,8 Prozent abgreift; der nächste, Facebook, nur 5,4 Prozent!

Mit den Einnahmen entstanden und entstehen im Googleplex weitere marktbeherrschende Innovationen: Chrome ist seit gut einem Jahr der meistgenutzte Browser (vor Microsofts Internet Explorer), Android ist mit einem im zweiten Quartal 2013 gemessenen Marktanteil von 79 Prozent das mit Abstand führende Smartphone-Betriebssystem (Apple iOS kommt auf 14 Prozent). Straßenansichten, Internet-Brille, autonomes Fahren – es gibt nichts, was Google nicht probiert.

Dabei dürfte Google inzwischen hinter der NSA über das weltweit beste Personalprofil seiner insgesamt 1,1 Milliarden Suchmaschinennutzer (Dezember 2012) verfügen. Aus 114,7 Milliarden Suchanfragen im Monat (ebenfalls Dezember 2012) lässt sich mit Big Data-Methoden schon einiges herauslesen.

Beispiele gefällig?

Grippewellen werden ebenso vorhergesagt wie die Gewinner des European Song Contest oder die steigende Arbeitslosigkeit im Jahr 2008. Ökonomen greifen immer häufiger auf die Echtzeitdaten, die Google liefern kann, zurück.

Dass aber auch die Routenplanung in Google-Maps zu individuellen Bewegungsmustern zusammengesetzt werden kann, dass Wortfelder der Suchabfragen zu Interessens-, aber auch Gesinnungsprofilen herangezogen werden können, dass Metadaten der Gmails zu Kontakt-Netzwerken kombiniert werden können – all das ist seit Bekanntwerden der Zusammenarbeit der Internet-Giganten mit den Geheimdiensten keine Bagatelle mehr.

Jetzt geht Google einen Schritt weiter. Statt der klumpigen Cookies, mit denen Internet-Marketiers weltweit das Verhalten ihrer Klientel nachverfolgen, setzt Google nun auf spezielle Filterverfahren und Identifikatoren, die dabei helfen sollen, das Internet-Verhalten unabhängig von der genutzten Plattform (Desktop, Laptop, Smartphone) zu beobachten. Was nützt Anonymität im Internet, wenn das persönliche Verhaltensmuster so individuell ist wie ein Fingerabdruck?

Ist das alles wirklich erst 15 Jahre jung? Google wird sich in den nächsten Jahren von der Suchmaschine zur Findemaschine weiterentwickeln. Vielleicht sagen wir dann nicht mehr »ich habe gegoogelt«, sondern »ich wurde gegoogelt« – im Sinne von: »erwischt«. Oder doch: veräppelt?

8 Neue Fische im Teich

Also das ist jetzt kein Blog zur Bundestagswahl 2013. Auch wenn dort neue Fische im Teich die klassische Mehrheits-Arithmetik durcheinander gebracht haben...

Abgelegt am 23. September 2013

Es geht um neue Märkte und ihre neuen Protagonisten. – Zum Beispiel in der Weltraumfahrt.

Im vergangenen Jahr dockte die unbemannte Raumkapsel »Dragon« an der internationalen Raumstation ISS an, um anstelle der ausgemusterten Space Shuttles Material hinaus und Müll hinab zu bringen. Es war nicht nur der erste private Flug in Richtung auf die mit internationalen Steuergeldern finanzierte Station. Es war auch der Start in ein milliardenschweres Transportgeschäft. Die NASA hatte nämlich dem Unternehmen nach dem geglückten Erstflug einen Auftrag im Wert von 1,6 Milliarden Dollar erteilt und damit zwölf weitere ISS-Anflüge bestellt.

Elon Musk, die südafrikanische Unternehmer-Ikone, wollte mit Space X eigentlich zum Mars. Das ist aber vorerst noch ein bisschen weit. Und das Geschäft mit den Speditionsflügen zur ISS ist auch irgendwie lukrativ. Neben den großen Raumfahrtagenturen und ihren über Jahre an fetten Trögen träge gewordenen Zulieferern etabliert sich plötzlich ein schlankes, dynamisches Unternehmen.

Das Geld kann Musk nicht nur in die Weiterentwicklung seiner Raumfahrtträume stecken, sondern auch in den Ausbau der Elektromobilität. Denn zum Musk-Imperium gehört auch der Newcomer Tesla, der Japanern, Chinesen, Amerikanern, Deutschen und Franzosen zeigt, wie man ein Elektroauto baut, das nicht nur weite Strecken überwindet, sondern dabei auch noch dynamischen Fahrspaß bietet. Auf der IAA – der Internationalen Automobil-Ausstellung in Frankfurt – gehörte Tesla mit der S-Limousine für 70.000 Dollar wieder zu den Highlights des Elektro-Fahrgeschäfts.

Die traditionellen Automobilbauer konstatieren, dass Tesla eine ganze Menge weniger Gepäck im Rücken hat und deshalb schneller als andere westliche Autobauer agieren kann. Der neue Wettbewerber kommt allerdings reichlich ungelegen angesichts der Aufholjagd, die im Elektromobilitätsmarkt läuft.

Das gilt auch für Google, die plötzlich mit einem autonomen Fahrzeug durch Kalifornien stromert. Während Daimler mit einer fahrerlosen Testfahrt an die historische Fahrt von Bertha Benz 1888 anknüpft, fährt Google mit eigener Technik allen davon – kopflos, aber nicht hirnlos.

Und wer erinnert sich nicht an die lustigen Kamerafahrten der Google-Autos, die vor einem knappen halben Jahrzehnt weltweit in den Großstädten Fassaden ablichteten und damit eine neue Straßenansicht (Street View) offerierten.

Damals war es noch ein Skandal, dass bei der Gelegenheit auch gleich alle ermittelten WLANs registriert wurden. Deren Daten helfen heute dabei, für Smartphones ein hinreichend genaues Positioniersystem zu bieten, ohne dass dabei gleich das amerikanische Global Positioning System oder das (milliardenschwere) europäische Galileo-System genutzt werden müsste. Während die Europäer noch mühsam Satellit um Satellit ins All hieven, werden sie von einem Privatanbieter mit einem Nebenprodukt überholt.

Und jetzt? Jetzt investiert Google auch noch in die Suche nach dem Jungbrunnen für Jedermann. Zusammen mit Apple und dem CEO von Genentech, Arthur D. Levinson, soll die neu gegründete California Life Company (Calico) den Zusammenhang zwischen bestimmten Erkrankungen und dem Alterungsprozess untersuchen.

Dazu werden Tausende von klinischen Studien herangezogen und analysiert.

Es ist schon faszinierend. Wo etablierte Unternehmen sich mit heftigsten Investitionen mühsam Innovationen erkaufen, stürmen agile Companies mit einer Leichtigkeit an ihnen vorbei, dass sich der Fachmann wundert und der Laie die Augen reibt. Wo man hinschaut, entstehen Wettbewerber, die bislang nicht auf dem Radarschirm waren. Google ist das beste Beispiel für einen globalen Diversifizierer, der alles und jedes Geschäftsmodell in Angriff nimmt, bei dem Big Data eine Rolle spielen könnte.

Denn das ist das Geheimnis von Google. Es lernt aus der Intelligenz des Schwarms, dessen Bewegungen von Google minutiös nachgeführt werden. Am Ende entdeckt Google Trends aus Spuren, die andere unbewusst lesen.

Google hat auch ermittelt, dass seit dem 22. September 20 Uhr Ortszeit die Abfragen nach Rot-Rot-Grün deutlich vor denen nach Schwarz-Rot und Schwarz-Grün liegen.

Aber dieser Blog ist ja kein Nachwahlblog.

9 Minister für europäische Hightech

Es gab mal eine Zeit, in der wir unsere Geschäftsprozesse Nixdorf Computern anvertrauten, mobile Telefongespräche über einen Siemens-Knochen führten und dabei Verbindungen über das Mannesmann-Mobilfunknetz wählten. Keines der drei Angebote existiert noch in dieser Form. Amerikanische und asiatische Konkurrenten haben sich als überlegen oder zumindest wirtschaftlicher erwiesen. Der Rest ist Marktmechanik – Bereinigungen, Übernahmen, Insolvenzen.

Abgelegt am 16. September 2013

Die Zahl der Neugründungen, die zu vielversprechenden Playern im IT- und Telekom-Markt herangewachsen sind, ist dagegen verschwindend gering. Im Ergebnis hat sich europaweit ein Hersteller-Rückzug aus der Hardware-Produktion vollzogen, der heute zur praktischen Bedeutungslosigkeit auf diesem Gebiet geführt hat. Angesichts niedriger Margen bei der Herstellung von Hardware wurde der Rückzug allgemein als lässliches Problem gesehen. Es gab ja noch Software und Services, mit denen sich in Europa wunderbar Geld verdienen ließ.

In dem Maße jedoch, in dem Software und Services ins Internet abwandern, geraten auch diese europäischen Kompetenzen unter Druck. Macht nichts, heißt es heute, wir haben ja noch die Prozesskompetenz…

Stimmt auch – sie ist der Antriebsstoff für die Digitalisierung der industriellen Geschäftsvorfälle, die wir mit Industrie 4.0 zusammenfassen. Die (Internet-gestützte) Vernetzung von digital angesteuerten Fertigungsmaschinen, Förderzeugen und Fahrzeugen soll den nächsten revolutionären Innovationsschub in der Industrie bringen. In dieser Disziplin ist Deutschland sowohl in der Spitze als auch in der Breite tonangebend – noch.

Die Gefahr besteht allerdings, dass nach der Hardware, der Software und den Services auch die Prozesskompetenz vom Alten Kontinent abwandert, fürchtet beispielsweise Bundeswirtschaftsminister Philipp Rösler, der deshalb eine europäische IT-Strategie ins Leben rufen will. Nicht allein europäische Sicherheitsstandards im Internet sollen über diese Initiative durchgesetzt werden, auch in Vergessenheit geratene Knowhow-Bereiche sollen zurückerobert werden. Ob Router, Server, PCs oder Smartphones – nahezu die gesamte in Europa genutzte IT- und Telekom-Infrastruktur werde aus Amerika und Asien angeliefert. Was drin ist, habe sich inzwischen der europäischen Einflussnahme entzogen. Rösler wird hier konkret: Ob und welche Hintertüren zur Ausspähung oder andere Sicherheitslücken bestehen, kann nur der Hersteller steuern, meinte der Wirtschaftsminister. Sein Ziel hat er in einem Brief an EU-Kommissarin Neelie Kroes formuliert: »Um nicht in Abhängigkeit zu geraten, müssen wir selbst bei der Digitalisierung eine europäische Systemführerschaft entwickeln.« Die europäische IT-Strategie «soll die Spitzenforschung, Entwicklung von digitalen Technologien und optimale Wachstumsbedingungen für Industrieunternehmen und innovative Startups im europäischen Rahmen« koordinieren und voranbringen, schreibt der Minister. Sein Ziel sind »hochleistungsfähige digitale Infrastrukturen und gleichzeitig Netzneutralität«, die nicht nur – aber eben verstärkt – durch eine neue Gründerwelle vorangetrieben wird. Die Besuche Röslers im Silicon Valley waren weniger eine Wallfahrt ins gelobte Land der unbegrenzten IT-Möglichkeiten. Es war vor allem der Versuch, die Kultur dort auf Europa zu übertragen. Jetzt soll ein Gründerbeirat dazu beitragen, dass aus der Welle eine Flut wird.

Auch bei der Energiewende hat Rösler inzwischen IT, Telekommunikation und Energieerzeugung zu einem attraktiven Gründerthema zusammengefasst. Wo Energie entsteht, wo sie gebraucht wird und wie sie dorthin transportiert wird, ist nicht allein eine Frage der Leitungen, sondern ebenso sehr eine Frage von Big Data, Vernetzung und Prognosen.

Rösler sieht auch für die möglichen nächsten vier Jahre in diesem Amt die «digitale Wirtschaft« und die intelligente Energiewirtschaft als Schwerpunkte seiner Aktivitäten. Die «intelligente Fabrik« soll dann nicht nur den Alten Kontinent zum wiedererstarkten Hightech-Standort verhelfen.

Beides soll auch zum Exportschlager nach Amerika und Asien werden. Hoffen wir, dass Rösler diese Initiativen auch erlebt – als Minister.

10 Silicon Wellies

Während der Herbst wolkenbruchartig Einzug hält über Europa, wenden sich die Gedanken schon mal jenem Kellerregal zu, auf dem die guten, alten Gummistiefel seit dem verregneten Frühjahr treu ausgeharrt haben. Ach ja, die guten alten Wellies, wie die Briten sie nennen in stolzer Erinnerung an ihren Duke of Wellington, der nicht nur bei Waterloo siegte (mit Unterstützung der Preußen, wohlgemerkt), sondern der auch die »Hessischen Stiefel« zu kriegstauglichem Schuhwerk weiterentwickelte.

Abgelegt am 9. September 2013

Das war´s dann auch schon mit der europäischen Erfindungsgabe in Sachen Gummistiefel. Denn 1840 revolutionierte der aus dem US-Staat Connecticut stammende Charles Goodyear die Gummiherstellung, indem er die Masse vulkanisierte und richtig wetterfest machte. Im Ergebnis vertickten die Amerikaner den Europäern ihre eigene Erfindung zurück und wandten sich anderen europäischen Innovationen zu – dem Webstuhl und später dem Computer beispielsweise, die doch noch einige US-amerikanische Verbesserungen benötigten, um wirklich globale Marktreife zu erlangen.

Als wär´s eine »Geschichte in der Nussschale« avancierte der finnische Papier- und Gummihersteller Nokia vor 46 Jahren zum skandinavischen Telekommunikationskonzern und sogar zu Europas größtem Mobilfon-Unternehmen. Schließlich scheiterte Nokia jedoch – zuerst in einer Kooperation mit Siemens, später aber auch aus eigener Kraft. Jetzt kauft Microsoft mit Hilfe von weltweit herumliegenden Spargroschen im Gesamtvolumen von 5,44 Milliarden Dollar das Kerngeschäft.

Der Schritt ist so logisch wie nur was. Nachdem Microsoft 2011 mit rund einer Milliarde Dollar die Entwicklungsrichtung bei Nokia auf Windows Phones – also jetzt Windows 8 oder 8.1 – ausgerichtet hatte, seit Microsoft mit der eigenen Tablet-Produktion begonnen hat, das Geschäft mit Mobile Devices anzukurbeln, seit Microsoft sich Apple als Vorbild für eine vertikal ausgerichtete End-to-End-Company auserkoren hat, ist es selbsterklärend, dass die europäische Smartphone-Produktion über kurz oder lang in die Hände der Amerikaner gelegt werden würde.

Der Business Case ist selbsterklärend: Wenn Microsoft künftig statt zehn Dollar pro Handy 45 Dollar Bruttoerlös erzielen kann, dann ist das bei angestrebten 50 Millionen Einheiten (die Schwelle zur Gewinnzone) eine einfache Matheaufgabe – vorausgesetzt, man lässt sich von großen Zahlen nicht abschrecken.

Und wenn dann noch 600 Millionen Dollar zusätzlich an Synergieeffekten durch das Zusammenlegen von Entscheidungsgremien, Entwicklung, Marketing und Vertrieb erzielt werden können – dann ist das einfach ein Deal, dem man nicht widerstehen kann. Die Frage ist allenfalls: Warum hat Microsoft bis 2013 gewartet?

Denn die Zeit drängt, um die Defizite gegenüber Android/Google und iOS/Apple auszugleichen. Die jetzt proklamierte Erkenntnis »Geräte helfen Services, und Services helfen Geräten« ist ja fast ebenso ein No-Brainer wie der ebenfalls jetzt entdeckte Dreisatz, der Erfolg von Mobiltelefonen sei wichtig für den Erfolg von Tablets, deren Erfolg wiederum wichtig für den Erfolg von PCs. Diese Erkenntnis treibt seit Monaten nicht nur diesen Blog an.

Insofern wäre die Übernahme des größten Teils von Nokia eigentlich gar keinen Bonnblog wert. Es ist so naheliegend, wie die Tatsache, dass die Deutsche Bahn die Wiederaufnahme des Bahnverkehrs in Mainz schaffen musste. Dieser Bonnblog handelt eigentlich von Europäern und ihren Gummistiefeln.

Wir erleben den soundsovielten Ausverkauf europäischer Unternehmen der IT in Richtung USA. Zuletzt hatte sich ja Europas größter Softwarekonzern mit der angedeuteten Verlagerung des Stammsitzes ins Silicon Valley sozusagen selbst veräußert. Die platte Motivation hinter einem solchen Schritt: Nur bei den Angesagten finde sich der Erfolg. Das beste Karriereziel eines europäischen Startup-Unternehmers ist es demnach, von einem amerikanischen Investor übernommen zu werden.

Die Bundeskanzlerin mahnte unlängst angesichts der amerikanischen Ausspähaktivitäten die Entwicklung eigener (unabhängiger) Technologien an. Router beispielsweise kämen entweder aus Amerika oder aus Asien – was darin an systemgestützten, abhörunterstützenden Funktionen existiere, entziehe sich europäischer Einflussnahme. Kann das so bleiben?

Nur, wenn wir nichts unternehmen. In wenigen Jahren werden nicht Menschen die Mehrheit der Internet-Teilnehmer sein, sondern Maschinen. Die selbststeuernden Prozessschritte sind Europas, ja Deutschlands (bislang) unangefochtene Domäne. Schon 15 Prozent der mittelständischen Fertigungsbetriebe hierzulande setzen selbststeuernde Produktionssysteme ein, sagt eine aktuelle PAC-Studie. Industrie 4.0 ist vielleicht eine der letzten europäischen Bastionen im internationalen Technologiewettlauf. Gummistiefel sind vielleicht gar nicht so schlecht, wenn ihre Herstellung und ihre Funktionen neue Welten eröffnen. Statt auf das Silicon Valley zu starren, sollten wir uns – im übertragenen Sinne – auf »Silicon Wellies« konzentrieren.

11 Glasnost und Perestroika

Das Selbstopfer, das Microsofts CEO, Steve Ballmer mit seiner Rücktrittsankündigung erbracht hat, scheint – zunächst einmal – den medialen Blutrausch beendet zu haben, in dem seit gut einem Jahr der Kopf des Gates-Nachfolgers gefordert wurde. Und wie gerufen kommen da die Gerüchte um die Windows-Versionen 9, 9.1 und 10, die in diesen Tagen Microsoft-intern vorgestellt werden sollen. Statt über den Nachfolger von Steve Ballmer zu spekulieren, kommen jetzt die Mutmaßungen über den Windows 8-Nachfolger. Wir machen natürlich mit...

Abgelegt am 2. September 2013

Während Windows 8.1 gerade erst die nötigsten Reparaturen am Design der neuen Kacheloberfläche behebt, sollen das 2014 auf den Markt kommende Windows 9 bereits wieder etwas mehr an der luftigen Oberfläche der erfolgreichen Version 7 anknüpfen. Ob dies nun ein Rückschritt oder Seitensprung in der Entwicklungsplanung sein wird, sei einmal dahingestellt. Der ganz große Sprung nach vorn soll ohnehin erst mit Windows 10 kommen, das in Teilen Cloud-basiert sein wird und – schaut, schaut – über Augensteuerung verfügen soll. Nicht vor 2016 ist damit zu rechnen – wir haben also noch Zeit fürs Augentraining.

Große Software-Gewerke wie ein Windows-Betriebssystem brauchen ihre Planungs- und Realisationszeit. Das steht sicher außer Frage. Auch andere globale Softwareanbieter wie beispielsweise SAP oder Oracle denken in Mehrjahreszyklen, wenn sie ihre Lösungsangebote vorantreiben wollen. Auch Siemens dachte stets in großen Zeitzyklen – und musste zuletzt erkennen, dass sich die Zeiten schneller ändern als es die Verfasser von Fünfjahres-Pläne wahrhaben wollen.

Sony hatte es nie verstanden, sein Musikgeschäft in die digitale Ära jenseits von Walkman und CD zu transportieren. Erst der agile Steve Jobs hat es verstanden, mit iPod und iTunes die Musikwelt auf legale Weise in die mobile Cloud zu transformieren. Andere agile Unternehmen wie Google empfinden es nicht als rufschädigend, Produkte wie den Google Reader auch wieder vom Markt zu nehmen, wenn sie feststellen, dass sich die Zeitläufte anders entwickeln und Märkte andere Lösungen brauchen.

11 Glasnost und Perestroika

Für die Zukunft von Microsoft ist es also gar nicht mal so entscheidend, ob Steve Ballmer geht und wann. Richtungsweisend wird vielmehr sein, welche Führungsriege der oder die Neue mit sich bringt und welche Kultur der permanenten (agilen) Innovation bei Microsoft einzieht. Dass ausgerechnet Bill Gates, der bereits von vielen lauthals zurückgerufen wird, dieser Mann sein könnte, ist kaum wahrscheinlich. Dass eine interne Lösung diese Veränderung mit sich bringen könnte, ist auch nicht zu erwarten.

Als John Akers in den neunziger Jahren das Heft bei IBM aus der Hand gab, folgte ihm mit Lou Gerstner ein CEO mit einem ganz anderen als einem IT-Hintergrund. Der ehemalige Chairman des Tabak- und Keksherstellers RJR Nabisco setzte auf kurze Produktzyklen, langfristige Serviceangebote und erhöhte so den Wert der Marke IBM. Vor allem aber führte er eine Kultur der Offenheit und Umgestaltung ein, die die gesamte Company erneuerte.

Glasnost (Offenheit) und Perestroika (Umgestaltung) sind auch bei Microsoft fällig bis überfällig. Wie alle Unternehmen, die über eine weltumspannende Größe und einen anhaltenden Markterfolg mit wohl gehüteten Cash Cows verfügen, fällt es Microsoft schwer sich auf neue Strömungen schnell und innovativ einzustellen. Das ist nicht allein das Problem des CEO. In einer festgefahrenen Organisation können die klugen Köpfe ihre innovativen Ideen nicht entwickeln, die agilen Manager ihre Lösungen nicht auf die Straße bringen. Der oder die Neue bei Microsoft muss weniger an den Produkten als vielmehr an den Prozessen arbeiten.

Das ist durchaus ein gefährlicher Job. Denn die Fälle sind äußerst selten, in denen diese Erneuerer die von ihnen losgetretene Perestroika überlebten. Lou Gerstner hat es geschafft (bis 2002). Michail Gorbatschow nicht.

12 Die Revolution frisst ihre Väter

Abgelegt am 26. August 2013

Als Peter Löscher vor sechs Jahren den Vorstandsvorsitz der Siemens AG übernahm, war er der Hoffnungsträger für den Elektrokonzern. Das Unternehmen war gebeutelt, unter Bestechungsverdacht, kämpfte mit sinkenden Margen und notleidenden Großprojekten. Doch der Erneuerer blieb in seinen Umstrukturierungsmaßnahmen stecken und entfremdete sich von seinem Konzern. Am Ende zog der Aufsichtsrat die Reißleine. Nach zwei Gewinnwarnungen im laufenden Geschäftsjahr war die Geduld aufgebraucht.

Jetzt sieht es so aus, als würde sich die Personalie wiederholen – bei Microsoft. Steve Ballmer hat in den zurückliegenden Jahren mehrere wichtige Umbaumaßnahmen vollzogen. Windows 8, Cloud-Initiative und nicht zuletzt das vertikal integrierte Produktangebot aus Systemsoftware, Anwendungen, Services und Hardware. Ein harmonisches Lösungsportfolio für alle Devices vom Smartphone über Tabletts und Laptops zum PC und Server. Gekrönt sollte dies durch jene umfassende Umstrukturierung werden, die alle Geschäftsbereiche in einen übergreifenden Planungsprozess einbindet. Doch am Ende hat – so scheint es – das Konzept namens »One Microsoft« auch seinen Initiator mitgerissen.

Völlig überraschend hatte Microsoft in einer Pressemitteilung letzte Woche angekündigt, dass CEO Steve Ballmer innerhalb der nächsten zwölf Monate aus dem Unternehmen ausscheiden werde. Eigentlich habe Steve Ballmer die Veränderungen, die er Microsoft verordnet hatte, noch mindestens »bis zur Hälfte der Umstrukturierungswelle« oder aber bis 2017 als CEO begleiten wollen. Jetzt aber sei man auf der Suche nach einem Nachfolger mit mehr Perspektive.

Als wenn 2017 keine Perspektive wäre? Es gibt viele Hinweise darauf, dass Ballmers Ankündigung seines baldigen Abgangs nicht ganz so freiwillig, nicht ganz so harmonisch mit dem Aufsichtsrat abgelaufen ist, wie es das Kündigungsschreiben in Form einer Pressemitteilung am Freitag glauben machen will. Seit zehn Jahren suche man bereits nach einem geeigneten dritten CEO in der Nachfolge von Bill Gates und Steve Ballmer. Und jetzt, aus dem Blauen heraus, wird das

Ende der Ära Ballmer eingeläutet, ohne bereits einen Nachfolger gekürt zu haben.

Aufschlussreich ist auch, was in der Pressemitteilung nicht zu lesen ist. Ein Dank von Gates an Ballmer beispielsweise. Die Gerüchte schwappen hoch, dass möglicherweise der Liebesentzug des Microsoft-Gründers Ballmer zum Rückzug gezwungen haben mag. Gründe für eine kleine Eiszeit zwischen den beiden gäbe es genug. Einerseits läuft die Transition nicht so smooth wie geplant: 900 Millionen Dollar Abschreibung auf die Surface-Produkte, schöngerechnete Verkaufszahlen bei Windows 8, keine besonders attraktiven Erwartungen auf die Ergebnisse des ersten Quartals. Andererseits trifft der Wandel zur vertikal integrierten, End-to-End-Company auch tief in die Dauerdebatte zwischen Bill Gates und Steve Jobs – der eine gründete seinen Erfolg auf Offenheit, der andere auf eine geschlossene, dafür aber durchgehende Produktpalette. Jetzt hat es den Anschein, als würde Ballmer mit One Microsoft das Lager wechseln.

Oder hat der Gutmensch Gates ganz einfach die Verstrickungen von Microsoft in die NSA-Datensammlungen nicht mittragen wollen? Diese Form der Offenheit hatte Bill Gates jedenfalls nie gewollt. Zugegeben – dies hätte den Ruch einer Verschwörungstheorie. Aber weiß man´s?

Denn eines wird man doch fragen müssen: Wieso will sich Microsoft in einer Zeit, in der es um Marktanteile, Wachstum und noch mal Marktanteile geht, von einem bis auf die Haut gefärbten Verkäufer wie Steve Ballmer trennen? Wann, wenn nicht jetzt, wo es nur noch heißen muss: »Execute!«, braucht man einen Top-Salesman wie Ballmer, der seit 1980 bei Microsoft sitzt und der erste Nicht-Technologe im Management war. Was er Microsoft gegeben hat, ist: Organisation. Davor war die Windows-Truppe, um einen Buchtitel zu benutzen: »Barbarians led by Bill Gates«.

Revolutionen fressen nicht nur ihre Kinder, auch ihre Väter. Löscher und Ballmer sind ungleiche Zwillinge. Aber das Boot, in den sie nun nicht mehr sitzen, ähnelt sich doch ungemein.

13 Die Post-New-Economy

Es klingt paradox – funktioniert aber schon seit mehreren Tausend Jahren: Menschen investieren Kreativität, Kraft und Cash, um künftig weniger von allem investieren zu müssen. Praktisch bedeutet das in der Regel, dass andere dafür mehr leisten müssen – das nennt man Wachstum. Und die damit verbundene Skalierbarkeit sorgt dann – vielleicht – tatsächlich dafür, dass am Ende beide Seiten weniger investieren müssen. (In Wirklichkeit ist es dann aber meist unser Planet, der draufzahlt – aber das ist eine andere Geschichte...)

Abgelegt am 19. August 2013

Als die New Economy die Old Economy ablösen sollte, bestand die Hoffnung darin, dass Menschen mit dem gleichen Investment an Kreativität, Kraft und Cash nicht nur ihren Markt vor der eigenen Haustür erreichen könnten, sondern einen globalen Massenmarkt adressieren würden, wenn sie hinter ihr altes Geschäftsmodell die Endung Dot-Com setzen und die Geschäftsprozesse ins Internet verlagern. Erst sollte also die Skalierung kommen, dann die Kostensenkung.

Was tatsächlich passierte, war die Vernichtung von einigen Milliarden Dollar weltweit. Und die Erkenntnis, dass die New Economy nicht aus der Bewältigung der Geschäftsmodelle von gestern mit den Kommunikationsmöglichkeiten von morgen entsteht, sondern aus der kreativen Zerstörung des Bestehenden durch Prozessinnovationen. Das ist der Grund, warum eBay, Google, Amazon und Facebook das Platzen der Dot-Com-Blase überlebten (beziehungsweise überhaupt erst abwarteten).

Zu den Geburtsfehlern des Cloud Computings gehört die Wiederholung dieses Phänomens. Die ersten Angebote, die seit 2009 auf den WWW-Markt drängten, waren die Auffrischung alter Geschäftsmodelle mit neuen, wolkigen Services. Und wieder trat die Skalierung vor der Kostensenkung ein. Es waren die sündhaft teuren Service-Rechenzentren, die ein kostengünstiges Cloud-Sourcing weder für Anbieter noch für Anwender realistisch machten.

SAP zum Beispiel soll – so hört man – Milliarden Euro in die schlichte Wiederholung eines alten Geschäftsmodells in der Cloud versenkt haben: Baue einen möglichst komplexen Anwendungsmonolithen, biete seine Nutzung über das Web an, organisiere eine möglichst große Gruppe an Implementierungspartner und locke mit einem vordergründig attraktiven Preis. Business by Design war eine Dot-Com-Blase in der SAP-eigenen privaten Cloud.

Oder IBM. Während sich die ganze Company zur Servicegesellschaft mit hohen Gewinnmargen wandelte, erfand die alte Mainframe-Fraktion einen Cloud-Service nach dem anderen – immer mit dem Ziel, die riesigen, schon fertiggestellten Server-Farmen auszulasten. Das Ergebnis waren fette Outsourcing-Verträge mit Unternehmen, die dafür nun nicht mehr fette Mainframe-Käufe tätigten. Ein neuer Markt entstand für IBM erstmal nicht.

Aber IBM hat einen langen Atem. Heute sind es Tausende an Clients und Millionen User, die in IBM-Rechenzentrum ihre Cloud-Anwendungen betreiben. Neben den fetten Brocken wie dem US-amerikanischen Bundesinnenministerium (zuständig für die nationalen Ländereien), das jetzt einen Platin-Kontrakt über eine Milliarde Dollar abschloss, sammeln die Salesmen weltweit kleine namenlose Cloud-Verträge mit Mittelständlern ein – übrigens in Europa und Amerika ebenso wie in Asien. Und trotzdem gerät die Aktie unter Druck.

Auch SAP hat einen langen Atem im Geschäft mit der Cloud. Und auch die SAP-Aktie ist unter Druck. Will Deutschlands größtes Softwarehaus seine Umsatzprognose halten, müssen Cloud Computing und die In-Memory-Datenbank Hana ein sensationelles zweites Halbjahr hinlegen. Allerdings performt SAP derzeit eher in Amerika und Europa, weniger jedoch in Asien.

Geschichte wiederholt sich. Während Dickschiffe wie SAP und IBM in der Post-New-Economy des Cloud Computings erst unverändert Kurs halten wollten, ehe sie begriffen, dass sie sich zu neuen Manövern durchringen müssen, sind die Risikokapitalisten gerade dabei Millionen in Start-up-Companies des Cloud Computings zu werfen. Nach einer Befragung der Analysten von Deloitte unter 400 Venture Capitalsts ist die Cloud derzeit das sicherste und zugleich vielversprechendste Investment. Jetzt muss skaliert werden – auf einen Markt in der Größenordnung von 240 Milliarden Dollar im Jahr 2020.

Gleichzeitig befürchtet die amerikanische Information Technology & Innovation Foundation (ITIF) dass die aktuelle Spionage- und Abhöraffäre den Cloud Markt in den nächsten drei Jahren um bis zu 35 Milliarden Dollar schädigen könnte. US-amerikanische Cloud-Anbieter könnten demnach bis zu 20 Prozent ihres Maktanteils verlieren. Kommt doch die Cloud-Blase in der Post-New-Economy? Geschichte wiederholt sich – aber meist eher als Parodie.

14 Kryptisches zur Verschlüsselung

Die massenhafte Datensammlung der Geheimdienste hat durchaus paranoide Züge. Die Angst und Empörung vor der Ausspähung aber auch...

Abgelegt am 12. August 2013

Deshalb habe ich diesen Blog zwar verschlüsselt (um meiner Sorge vor Ausspähung zu begegnen), ihn dann aber gleich wieder entschlüsselt (weil ich den Geheimdiensten die Arbeit nicht unnötig schwer machen möchte).

Und außerdem will ich ja, dass mein Blog gelesen wird. Von möglichst vielen sogar.

Wenn ich hingegen nicht will, dass meine Emails von einem Dritten gelesen werden können, dann kann ich seit Mitte der neunziger Jahre auf Verschlüsselungsmechanismen wie Pretty Good Privacy (PGP) zurückgreifen. Allerdings muss das der Empfänger auch wollen, denn er ist es, der mir den Schlüssel zur Verfügung stellt, mit dem die Nachrichten verschlüsselt werden können, die er dann und nur er wiederum entschlüsseln kann.

Kompliziert? Genau! Deshalb benutzt es auch kaum jemand.

Dennoch hat das Federal Bureau of Investigation (das amerikanische FBI) drei Jahre lang hinter dem PGP-Entwickler Phil Zimmermann her recherchiert. Weil Zimmermann die Software nicht zum Verkauf angeboten, sondern als Open Source ins Web zur freien Ausbeute gestellt hatte, kam er ins Visier der Bundesbehörden. Die hatte Krypto-Software nämlich als Rüstungsgut klassifiziert und damit eine Exportbeschränkung verhängt. Ja, und ins Web stellen – das ist ja wohl Export, irgendwie, in gewissem Sinne, nicht wahr?

Zimmermann hatte Glück – ein Verfahren wurde gegen ihn nicht erhoben, obwohl auch er ganz leise an der Whizzle geblowed hatte. In seiner Kritik am geplanten US-Gesetz zur Bekämpfung der Kriminalität deutete er die Existenz von speziellen »Hintertürchen«, zu denen die Hersteller sicherer Kommunikationssoftware verpflichtet würden, an.

Was bis vorgestern noch als Verschwörungstheorie galt, wurde am Wochenende durch den überraschenden Rückzug zweier Anbieter für verschlüsselte Kommunikation zu einer bedauerlichen Tatsache. In öffentlichen Statements, in denen man die Schmerzen der virtuell angezogenen Daumenschrauben noch verspüren konnte, hatten sich die Inhaber von Lavabit und Silent Circle kurzerhand dafür entschieden, lieber mehrere Hunderttausende Kunden zu verprellen als ihre Regierung. Sonst, so heißt es, würde man sich »zum Komplizen bei Verbrechen gegen das amerikanische Volk« gemacht haben. Geht´s auch eine Nummer kleiner?

Ja, geht es – das haben ebenfalls zum Wochenende die Vorstandsvorsitzenden der Deutschen Telekom und von United Internet bewiesen. Sie haben angekündigt, dass zwischen ihren Server künftig nur noch verschlüsselt werde. Und auch auf dem Weg zu den Rechenzentren, die ausschließlich in deutschen Landen stehen, werde mit SSL-Verschlüsselung kommuniziert (erkennbar durch das »https« vor der Webadresse). Immerhin 60 Prozent der deutschen Mail-Accounts laufen damit verschlüsselt ab, zumindest teilweise. Zugriff auf die gespeicherten Verbindungsdaten könnten Abhördienste nur nach ausdrücklichem gerichtlichem Beschluss erhalten.

Allerdings nutzt die »eMail made in Germany« eine Technik, die seit eineinhalb Jahrzehnten Standard sein könnte. Das ist gut, sagt das Bundesamt für Sicherheit in der Informationstechnik. Das reicht nicht aus, sagt der Chaos Computer Club. Das ist egal, sagen vermutlich die Nachrichtendienste – die sich auf diesen Verschlüsselungsstandard längst eingestellt haben dürften.

Das ist egal, gab auch Sarah Wagenknecht von der Linkspartei gegenüber der FAZ zu Protokoll, da »die Geheimdienste die üblichen Verschlüsselungsprogramme ohnehin knacken können und auch nicht davor zurückschrecken, dies zu tun.«

Phil Zimmermann hatte seiner Gebrauchsanweisung für »Pretty Good Privacy« noch ein Menetekel beigegeben, das geradezu visionär auf das paranoide Paradox des ewigen Verheimlichens und Ausspähens hindeutete: »Wenn Privatsphäre gesetzlos wird, werden nur Gesetzlose noch eine Privatsphäre haben.«

14 Kryptisches zur Verschlüsselung

Will sagen: Wie schützen sich Terroristen eigentlich besser? Verschlüsselt oder unverschlüsselt. Am besten unverständlich, also kryptisch.

15 Weit ab vom Schuss

In der Debatte um die Zukunft von Microsoft werden immer wieder Rufe nach dem Firmengründer Bill Gates laut, der sich doch wieder stärker in das Tagesgeschäft einmischen möge. Nur so, meinen die Rufer, könne der Konzern wieder auf einen Erfolgspfad geführt werden, an dessen Ende der Durchbruch bei Windows 8, Surface und Azure liegt.

Abgelegt am 5. August 2013

In der Debatte um die Zukunft von SAP bedarf es keiner Rufe nach dem Firmengründer Hasso Plattner, der sich auch ohne öffentliche Aufforderung in das Tagesgeschäft einmischt und den Konzern auf einen Erfolgspfad führen möchte, an dessen Ende der Umzug ins kalifornische Silicon Valley stehen dürfte. Walldorf, so gab der Aufsichtsratschef jetzt zu Protokoll, sei doch nun wirklich ein bisschen weit ab vom Schuss.

Nach der geplant wirkenden, aber dennoch überraschenden Ankündigung des europäischen Co-Vorstandschefs Jim Hagemann Snabe, den geteilten Chefsessel zu verlassen, verlagert sich die Konzernleitung ohnehin in Richtung USA, wo der künftige alleinige Vorstandsvorsitzende Bill McDermott die Geschicke der Firma von Philadelphia (PA) aus, der Technologie- und Produktvorstand Vishal Sikka von Palo Alto (CA) aus lenken. Dort herrscht offenbar nicht jener Ungeist, der die nordbadische oder überhaupt deutsche Heimat Plattners so schwer erträglich macht: mangelnder »Wille zum Sieg«, wenig »kreative Impulse« und überhaupt sei man hierorts bürokratisch, behäbig und ineffizient.

Nun haben mindestens 1200 deutsche Hidden Champions durchaus über die letzten Jahrzehnte hinweg bewiesen, dass man im globalen Markt erfolgreich und tonangebend sein kann. Von nichts kommt nichts in der mit Abstand stärksten Volkswirtschaft des Euroraums. Und Lernbereitschaft – von Siegern Siegen lernen – ist durchaus eine deutsche Tugend, die sich auch außerhalb der engen Grenzen eines Fußballfeldes manifestiert: Zum Beispiel in der Initiative des Bundeswirtschaftsministers, Start-up Unternehmer ins Siliziumtal zu führen, um dort Risikokapitalisten und Technologieführer zu treffen.

15 Weit ab vom Schuss

Die SAP ist eine globale Company und sie darf sich ihre Standortvorteile suchen, wo immer das sinnvoll erscheint. Und ihre Firmengründer dürfen auch Kritik an jenem Standort üben, der sie so groß gemacht hat, dass ihre Kritik überhaupt vernommen wird. Das auf diese Weise zu tun, ist allerdings ebenfalls eine deutsche Untugend. Ein Amerikaner würde seine Kritik in jedem Fall in die Klammer setzen: Well or wrong, my country.

Künftig wird es eher heißen: Well or wrong, my company. Wo auch immer SAP Niederlassungen gründen wird – überall wird es die Besten akquirieren müssen, um sich eine weltweite Vormachtstellung zu sichern. Dazu muss nicht die Landeskultur, sondern die Firmenkultur stimmen. Und die Partnerkultur.

Bei letzterem dürfte SAP derzeit gegenüber Microsoft die Nase vorn haben. Denn das Ecosystem rund um die SAP prosperiert – mitunter mehr als es der Konzernspitze recht ist. Bis zu 220 Milliarden Dollar könnten SAP-Partner im Jahr 2017 durch Technologie, Professional Services und Hardwareverkäufe umsetzen, schätzt das Marktforschungsunternehmen IDC. Allein die In-Memory-Datenbank bietet eine jährliche Wachstumsrate von knapp 20 Prozent für das Ecosystem.

Dazu hat SAP mit PartnerEdge jetzt ein Programm aufgesetzt, das Anbietern die Möglichkeit geben wird, neue Anwendungsentwicklung auf der Basis der SAP-Technologien und Lösungsplattformen voranzubringen. Mobile Anwendungen, Cloud-Lösungen, Datenbanken und In-Memory-Systeme sollen die Grundlage für ein völlig neues Lösungsangebot und damit neue Umsatzquellen bringen. Wir werden sehen, wie viele deutsche SAP-Partner hier ihren inneren Schweinehund überwinden werden, um doch kreative, innovative, unbürokratische Lösungen zu erstellen. Natürlich weit ab vom Schuss.

16 Kein Kopfzerbrechen!

Stellen Sie sich mal vor, Sie hätten eine Pollenallergie, die Sie daran hindert, Ihrer Arbeit erfolgreich nachzugehen. Das Mittel, das Ihnen verschrieben wird, hilft zwar wunderbar, aber plötzlich stellen Sie fest, dass Sie davon unerträgliche Kopfschmerzen bekommen. Der Arzt, der Ihnen das Mittel verschrieben hat, sagt, diese Nebenwirkungen seien ihm neu und es sei auch nicht seine Aufgabe, sich in die Details eines jeden Medikaments einzuarbeiten. Und der Hersteller erklärt, es sei typisch für Sie, dass Sie wegen der Kopfschmerzen klagen, aber nichts zu der Tatsache sagen, dass die Pollenallergie überwunden ist.

Abgelegt am 28. Juli 2013

So fühle ich mich derzeit bei der Debatte um die NSA-Spähaffäre. Cloud Computing galt und gilt als hervorragendes Mittel zur Verbesserung der Wettbewerbsfähigkeit, aber das massenhafte Belauschen unseres Datenverkehrs bereitet uns nun doch erhebliche Kopfschmerzen. Die Kanzlerin kümmert sich nicht um Details, und Christian Illek, Microsofts Deutschlandchef, gibt vor Journalisten zu Protokoll: Die deutsche Haltung zur Spionageaffäre sei schädlich für den Standort, weil nur durch Cloud Computing und Big Data die deutsche Wettbewerbsfähigkeit gewährleistet werden könne. Also doch lieber Kopfschmerzen statt Pollenallergie. Keine Allergie und keine Kopfschmerzen ist offensichtlich eine Option, die nicht zur Debatte steht.

Ist Cloud Computing plus Datensicherheit wirklich eine Option, die es nicht gibt? Oder entsteht nicht vielmehr aus der Empörung über die Späh-Aktivitäten der Geheimdienste jene Kreativität, die uns auf die nächste Stufe der Datensicherheit hebt? Hochleistungsverschlüsselung als Standard-Feature für jeden Datenverkehr in der B-to-B-Kommunikation wäre ein naheliegendes Beispiel für ein Erfolgsprodukt. Wo wir erkennen, dass das Internet nicht sicher ist, blühen doch Geschäftschancen, die diesen Mangel beheben helfen. Das Auto ist heute voller Sicherheits-Features, die das Fahren unterstützen. Es wäre geradezu anti-unternehmerisch, wenn wir jetzt gegenüber den Sicherheitsmängeln des Internets einfach kapitulierten. Das Ingenium, der Erfindergeist, für den gerade die Deutschen gerühmt werden, macht doch bei Virenscannern und Firewalls nicht Halt. Da kommt doch noch was, oder?

Es wäre nun wirklich das erste Mal, dass sich aus einem Dilemma nicht eine Lösung ergäbe. Und aus einer Lösung eine Geschäftsidee. Und aus einer Geschäftsidee ein Industriezweig. Das ist die wahre Botschaft, die Microsoft und andere Internet-Player an ihre Kunden und vor allem an ihre Partner richten sollten – jedenfalls, wenn sie es ernst meinen mit ihren Versicherungen, dem Belauschen von Daten keinen Vorschub leisten zu wollen und nur nach gerichtlichen Anordnungen zu handeln.

Statt uns also vorzuwerfen, die Deutschen nähmen die Affäre tragischer als andere Nationen, sollte man eher einen Ansporn formulieren, gemeinsam die neuen Konzepte wie Cloud Computing, Big Data, Industrie 4.0 und das Internet der Dinge gegen Missbrauch und missbräuchliches Abhören zu sichern. Ein deutscher Cloud-Standard, der mehr Rücksicht auf die Sensibilität von Daten und Kommunikation nimmt, wäre eine Dienstleistung für einen globalen Markt. Sie kann bisher ein wenig angestaubt daherkommende Berufszweige deutlich auffrischen und zu Erfolgskarrieren umformen: Datenschutzbeauftragte, Sicherheitsberater, Kryptologen, Kommunikations-Manager, Cloud-Broker, Cloud-Integratoren oder Big-Data-Manager.

Es wäre schön gewesen, Christian Illek hätte den Journalisten in New York diese Einschätzung der Lage übermittelt. Tun wir halt jetzt einfach so, als hätten wir ihn genau so verstanden.

17 Content – das Blaue vom Cloud-Himmel

Abgelegt am 22. Juli 2013

Alarmstimmung bei Microsoft: Als Steve Jobs zusammen mit der Ankündigung des Musikabspielers iPod auch weitreichende Lizenzabkommen mit der Musikindustrie präsentierte, herrschte in Redmond schieres Entsetzen. Die große Sorge in der Microsoft-Zentrale bestand darin, dass Apple das Download-Angebot auch auf der Windows-Plattform anbieten würde. Dann hätte ein direkter Wettbewerber Einfluss auf das Content-Angebot in der Windows-Welt, so die Befürchtung vor einem guten Jahrzehnt.

Daran hat sich bis heute nichts geändert. Weniger die – zugegebenermaßen äußerst flexible – Infrastruktur ist das Geheimnis der Cloud, sondern mehr und mehr ihr Inhalt, ihr Content. In der Tat war der Einstieg von Apple ins Musikgeschäft eine der ersten erfolgreichen (und legalen) Cloud-Anwendungen der IT-Geschichte. Der Download-Service Napster war auch erfolgreich – aber eben nicht legal.

Heute umarmt die PC-Company Microsoft die Cloud mit großer Geste. Nicht nur der Wettlauf um die Vorherrschaft im Wohnzimmer, wo Windows 8, Xbox, Nokia-Smartphones und Surface die Consumer für sich gewinnen will, wird weniger über technologische Features als vielmehr über das inhaltliche Angebot entschieden. Auch der Wettbewerb im Business-Sektor, der stark von Windows Azure und anderen Cloud-Angeboten angetrieben werden soll, endet letztlich auf der Gretchenfrage: Wie hältst du´s mit dem Content – und dessen Sicherheit?

Microsofts neuer Mittelstandschef in Deutschland, der Niederländer Floris van Heijst hat bei seiner Berufung als Nachfolger des sabattierenden Martin Berchtenbreiter klar zum Ausdruck gebracht, dass in Deutschland der Mittelstand über die Cloud gewonnen werden muss.

Zusammen mit den Partner übrigens, die somit ebenfalls für die Cloud gewonnen werden müssen. Das kann in der Tat nur gelingen, wenn die Software- und Systempartner das durchaus prosperierende Mittelstands-Geschäft von Microsoft hierzulande mit Inhalten füllen. Das wird die Vision sein, die van Heijst im ersten Jahr zu seiner Mission machen muss. Die Speerspitze dürfte dabei durchaus Dynamics CRM bilden – die Kundenbetreuungssoftware hat einen hohen Erklärungsbedarf, funktioniert in der Cloud optimal als Kollaborationslösung und generiert neben den direkten Lizenz- beziehungsweise Nutzungsgebühren vor allem Beratungsumsätze für die Partner. Nirgendwo sonst werden derzeit so hohe Honorare gezahlt wie bei der CRM-Implementierung.

Ähnliches gilt für den ERP-Markt, der ebenfalls geschäftsprozessorientiert ist und deshalb hohe Beratungshonorare bringt. Das aber ist das Salz in der Suppe der Microsoft-Partner, die sich künftig weniger von ihren Lizenzanteilen ernähren als vielmehr vom Wert der durch sie erbrachten Inhalte. Content is the Name of the Game im Partnergeschäft. Das ist die Message, für die Floris van Hejst jetzt durch die Lande reisen muss.

Doch ohne Schützenhilfe aus Redmond wird ihm das kaum gelingen – ebenso wenig wie allen anderen Channel-Verantwortlichen rund um den Globus. Kaum dass Microsoft mit Windows 8, Surface, Windows Azure und Office365 die nötigsten Lücken im Plattformangebot geschlossen hat, muss Steve Ballmer seine Mannen zur nächsten Großbaustelle schicken: Kauft Content! Denn jetzt geht es nicht nur darum, Cloud-Plattformen zu haben, jetzt müssen sie auch noch aufgehübscht werden. Bislang ist da allzu viel «Me-too-Angebot» dabei – nicht viel, was Apple, Google oder Amazon nicht auch hätten. Mit einer bestens gefüllten Kasse dürfte es Microsoft nicht schwer fallen, Content einfach hinzuzukaufen.

Im Mittelstandsgeschäft hilft hier der Blick auf einen anderen langjährigen Rivalen: IBM. Mit seinem Lösungsportfolio, das insbesondere durch die Partner erbracht wurde, hat sich IBM fest im Mittelstandsgeschäft verankert. Das Partnermodell war eine heilige Kuh, die überall grasen durfte, wo IBM-Hardware installiert werden konnte. Das Modell war IBM sogar so heilig, dass die eigenen Lösungsangebote – zum Beispiel das PPS-System COPICS – zugunsten der Partnerlösungen vom Markt genommen wurde. So weit muss Microsoft nicht gehen. Aber Dynamics muss noch dynamischer das Partnergeschäft befördern – ob CRM oder ERP.

17 Content – das Blaue vom Cloud-Himmel

Irgendwie hängt Microsoft zwischen den Content-Modellen von IBM (Business) und Apple (Consumer). Beides gleichzeitig zu stemmen, dürfte ein harter Gang werden. Das ist die schlechte Nachricht. Die gute Nachricht hingegen lautet: Für beide Märkte braucht Microsoft die Content-Kompetenz der Partner.

18 Lasst uns Freunde bleiben....

Abgelegt am 15. Juli 2013

Gut, dass niemand auf die Idee gekommen ist, auf der World Partner Conference den 14000 Vertretern von Hardware-, Software- und Systemhäusern zu erklären, worin ihre Rolle in den kommenden Jahren liegen wird. In jener fernen Zukunft, in der Microsoft die Schlacht um das mobile Betriebssystem mit Windows 8.1 und Nachfolgern gewonnen haben wird. Wenn Microsoft wie Apple ein End-to-End-Geschäft aufgezogen haben wird, das alle Verkaufsprodukte vom eigenen Microsoft-Tablet über das Universelle Betriebssystem und den Anwendungen bis zur Cloud-Infrastruktur beherrscht.

Vielleicht werden die Partner ja zu Geschäftsführern der Zigtausend lokalen Microsoft-Shops, die zwar noch nicht angekündigt worden sind, die aber aus dem Geschäftsmodell von Microsoft in der Zukunft eine getreue Kopie des Geschäftsmodells von Apple in der Gegenwart machen könnten. Das wäre immerhin eine Perspektive. Denn eigentlich blieb diese World Partner Conference ohne klare Vision dazu, wie ein gemeinsames, nachhaltiges Wertschöpfen im Zusammenspiel von Microsoft mit seinen Partnern aussehen könnte.

Dagegen wurde überdeutlich, dass nichts so bleiben würde, wie es war. Die Office-Optimierer, die in ihrer regionalen Klientel mit streng gehütetem Microsoft-Knowhow für lokale Anpassungen sorgen, werden über kurz oder lang durch Cloud-Services ersetzt. Die Rolle der Distributoren ist in einer Welt, in der Downloads und Updates über Cloud-Services abgeleistet werden, ebenfalls im Wandel. Sie liefern inzwischen zum Teil eigene Cloud-Dienstleistungen und stehen damit als lokales Rechenzentrum für Windows Azure zur Verfügung.

Doch es gibt auch aussichtsreiche Perspektiven – die der Lösungspartner rund um Microsoft Dynamics-Anwendungen ERP und CRM. Sie schaffen durch branchen- und kundenindividuelle Anpassungen jenen Added-Value, von dem sich Microsoft auch künftig Wachstumsaussichten verspricht. Ihnen machte beispielsweise Microsofts COO Kevin Turner ordentlich Mut, als er in seiner gewohnten Wettbewerbs-Gossip-Rede unter anderem CRM-Konkurrent Salesforce.com frontal anging. »Rettet die Kunden vor dieser Sackgasse«, forderte Turner jenen Added Value von den Partnern, die Microsoft zur Ausweitung seiner Machtbasis so dringend benötigt. Zur Warnung ließ Turner das »No Software«-Signet von Salesforce durch ein »No Profit«-Zeichen ersetzen. Hoffentlich war das nicht ein Menetekel an der Wand der Partner World.

Denn dass die Microsoft Partner ein Gegenstand wohlfeiler Einsparungen sein können, machte die World Partner Conference auch deutlich. Kein Investment in ein »Wir-Gefühl« wie zu früheren Zeiten, als die »liebgewonnene« wärmende Partner-Jacke noch als Erkennungszeichen diente. Kaum ein Signal der Wertschätzung in unterkühlter Atmosphäre. Weniger Geschäftsaussichten im geteilten Geschäftsmodell. Das war durchaus deprimierend...

...für beide Seiten. Als Steve Ballmer in der Eröffnungsrede ankündigte, dass der Verkauf von Surface-Tablets nun in 28 Ländern der Welt beginnen würde, brandete tosendes Schweigen aus dem Publikum der 14.000 anwesenden Partnervertretern. Der Stachel, dass Microsoft nunmehr den gesamten Produktzyklus von der Hardware über die Software bis zum Service kontrollieren wird, sitzt tief. Dass erfolgreiche Cloud-Companies wie Apple, Salesforce oder Google ohne großes Partnernetzwerk auskommen und stattdessen eine Community aus App-Entwicklern pflegen, bedeutet für viele Gold- und Silber-zertifizierte Microsoft-Partner durchaus einen Schock. Was ist ihr Investment in die Kenntnis um Microsoft-Produkte in der Zukunft noch wert?

Alles! Das versuchte Steve Ballmer ebenfalls zum Ausdruck zu bringen. Auch wenn Microsoft nun zur End-to-End-Kontrolle des Geschäfts tendiert, seien doch nur die Partner in der Lage, die Verfügbarkeit von Lösungen auf jeder denkbaren Konfiguration zu gewährleisten. Nur: Wenn Microsoft wirklich Apples zum Vorbild nimmt, dann wäre es nur konsequent auch die Vielzahl der Hardware-Konfigurationen zu reduzieren. Eine Architektur für Desktop, Laptop, Smartphone und Tablet ist nun mal das erklärte Ziel.

Dennoch gilt: Heute generiert Microsoft rund 90 Prozent seines Produktumsatzes durch die Partner. Aber muss das so bleiben? Die neue Organisationsstruktur, die sich Microsoft im Nachgang zur Worldwide Partner Conference verschrieben hat, legt diesen Schluss nicht unbedingt nahe. Entscheidend ist zunächst, dass Redmond das nachteilige Divisionsdenken mit der Neuorganisation zu überwinden hofft und eine ganzheitliche Sicht auf die eigene Produktwelt anstrebt. Das sollte Partnern mit einem ähnlichen Horizont helfen, künftig breiter aufgestellt neue Wertschöpfungsketten zu kreieren. Aber das wird nicht leicht. Dennoch: Lasst uns Freunde bleiben – und die alten Jacken wieder hervorholen.

19 Houston, wir haben kein Problem!

Abgelegt am 8. Juli 2013

Oder doch? Und vielleicht nicht nur eins... Vor zwölf Jahren, wenige Tage vor der Erstpräsentation des Apple iPod im Oktober 2001, hielt Bill Gates einen dieser schnieken Musikabspieler in Händen, betrachtete ihn mit sichtlicher Bewunderung, drehte ihn in alle Richtungen und probierte den Trackball zur Steuerung aus. Sein erster Kommentar soll gewesen sein: »Und den gibt es wirklich nur für den Macintosh?«

Wär es mal auf die Apple-Welt beschränkt geblieben. Aber der oder das iPod ist der Urvater all jener mobilen Endgeräte, die Microsoft heute das Leben schwer machen. Und nicht nur, weil sie entweder mit iOS oder Android laufen statt mit Windows, sondern vor allem, weil eine stetig wachsende Gemeinde von Computermobilisten auf diesen kleinen Geräten ihren Erstkontakt mit der Informationstechnik hat – und später nach Jahren intensiver Nutzung kein Bedürfnis empfinden, auf einen PC zu wechseln.

Heute, knapp zwölf Jahre später, ist Microsoft kaum noch Herr der Zeit (und des Marktes für mobile Endgeräte), so dass die Schnupperversion von Windows 8.1 nicht bis zur heute beginnenden Microsoft World Partner Conference in Houston, Texas, warten konnte. Schon zehn Tage vor der Konferenz sprach Microsofts CEO Steve Ballmer vor 6000 Entwicklern und zehnmal so viel Internet-Zuschauern von der neuen Philosophie der »zügigen Veröffentlichung« (»rapid release«) neuer Produktversionen. Microsoft habe sich gewandelt, betonte Ballmer und will dies auch in Houston unter Beweis stellen. Nein, Houston, wir haben kein Problem. Wir haben unsere Hausaufgaben gemacht.

Dabei kann die Windows-Company ihr Schicksal kaum noch allein und aus eigener Kraft beeinflussen. Für den Erfolg von Windows 8.x sind gar nicht mal so sehr die Features des Betriebssystems an sich entscheidend. Spielentscheidend ist vielmehr die Ökosphäre rund um das Angebot herum:

Zum Beispiel Apps – da sollen Entwicklungen zu Hunderttausenden in Arbeit sein, oder waren es sogar Millionen, die

Steve Ballmer da ankündigte? Egal. – Wichtig für Microsoft ist nicht allein die Anzahl, sondern die Tatsache, dass die wichtigsten, auf den Smartphones von Apple und Samsung erfolgreichen Apps auch unter Windows verfügbar sind. Und zwar genau so leicht, genau so sexy und genau so sicher. Apps wiederholen damit eine alte IT-Weisheit: Erst die Anwendungen machen die Plattform! Wer seine gewohnte Funktionsumwelt unter Android genießt, wird nicht zu Windows wechseln, wenn er dort auf sie verzichten muss.

Zum Beispiel Hybrids – wo genau die Grenze zwischen Smartphone, Tablets und PCs (inzwischen in der Regel Laptops mit externem Bildschirm und zusätzlicher Tastatur) gezogen werden kann ist längst irrelevant. Hybrid-Angebote, die aus einem Smartphone einen Einsteiger-Computer für Kids machen oder ein Tablett wie einen Laptop erscheinen lassen, sind längst auf dem Markt. Hier hat das klassische Microsoft/Intel-Ticket derzeit einen nicht unerheblichen Wettbewerbsnachteil gegenüber den günstigeren Kombinationen von ARM-Chips plus iOS oder Android.

Zum Beispiel Produktphilosophie – der iPod war der Beginn einer marktdominierenden Applephilosophie der End-to-End-Dominanz. Vom Betriebssystem über die Anwendungen bis zum fertigen Mobilgerät beherrscht Apple die gesamte Infrastruktur. Nur so war (und ist noch) Apple in der Lage, eine völlig eigenständige, stilistisch unverkennbare, hochwertige Angebotspalette zu offerieren. Microsoft dagegen hat sich lange auf die Welt der System- und Anwendungssoftware konzentriert und sich damit der Phantasielosigkeit ihrer Hardware-OEMs ausgeliefert. Erst der Milliarden-Scheck an Nokia brachte bei Smartphones so etwas wie eine End-to-End-Verantwortlichkeit.

Und Samsung hängt mit Android irgendwo zwischen diesen Philosophien. Ein bisschen End-to-End (bei Smartphones) ein bisschen Laissez-faire (bei Tablets) und ein bisschen Anarchie (bei Laptops). Noch ist keineswegs entschieden, ob Android ein ernstzunehmendes PC-Betriebssystem ist, aber die Produktversuche sind nicht ohne Erfolg in diese Richtung unterwegs. Für einen Android-Erfolg spricht die Probier-Freude, mit der neue Hybrid-Produkte zwischen Smartphone, Tablet und PC angesiedelt werden. Klein-PCs für 99 Dollar zum Beispiel könnten nicht nur Eltern überzeugen, die ihren Kindern einen Einsteiger-PC mit fürsorglicher Überwachungsfunktion zukommen lassen wollen. Es wäre auch der Kracher für jene Regionen dieser Einen Welt, die von der IT-Revolution bislang weniger berührt sind: Afrika, Asien, Südamerika. Hier würde sich der geringere Energiebedarf der ARM-Chips noch als Entwicklungshilfe erweisen.

Während Smartphones und Tablets lange Zeit als zusätzlicher Markt für Endverbraucher galten, zeigt sich immer deutlicher, dass sie sich zum Ablösemarkt für PCs mausern – und damit einen Angriff auf Microsofts Heimatbasis darstellen. Die Marktbeobachter von IDC haben innerhalb von zwölf Monaten ihre Absatzprognosen für PC-Verkäufe um fast 40 Prozent zurückgenommen. Während die Auguren im Juni 2012 noch ein durchschnittliches jährliches Wachstum von 8,4 Prozent bis 2018 unterstellten, liegen sie in den jüngsten Zahlen bei einer Erwartung von -1,5 Prozent jährlich. Der Markt wächst also nicht nur langsamer (trotz wachsender Bevölkerung), sondern schrumpft.

Houston, wir haben vielleicht doch ein Problem – oder mehrere.

20 Oh Zeiten, oh Sitten

Abgelegt am 24. Juni 2013

Also, ich habe jetzt schon mal sicherheitshalber einen Asylantrag an die Botschaft von Ecuador gestellt. Nicht, dass ich mich einer direkten politischen oder anti-terroristischen Untersuchung ausgesetzt sähe, aber man weiß ja nie. In diesen Zeiten droht hinter dem PRISM offenbar auch schnell das Prison. Wir werden belauscht, bespitzelt und – fast noch am schlimmsten – über das wahre Ausmaß der Kommunikations-Kontrolle belogen; na, sagen wir: wissentlich im Unklaren gelassen.

Was mussten wir alles lernen? Dass die gerichtlichen Freigaben für PRISM-Abfragen in den USA doch weitaus grundsätzlicher und wohlwollender erteilt wurden als bisher angenommen. Dass auch US-Amerikaner von der NSA ausspioniert werden können, solange nur der Verdacht bestehen kann, es handele sich um Nicht-US-Bürger. Dass China nicht nur selbst ein großer Cyber-Warlord ist, sondern dass chinesische Telefon- und Mail-Accounts zu Millionen ausgeschnüffelt wurden. Und schließlich, dass das Spionageprogramm des britischen Geheimdienstes – Tempora – noch alles in den Schatten stellt, was über US-Amerikanische Schnüffeldienste bisher bekannt geworden ist.

Oh tempora, oh mores, rief Cicero vor 2075 Jahren und beschwor damit die Sittenlosigkeit seiner Zeitgenossen, insbesondere der Catilinas, dessen Verschwörung gegen den Staat Cicero aufzudecken half. Das bisschen Antichambrieren von damals ist ja eine Lappalie im Vergleich zur amerikanisch-britischen »Camerama«-Verschwörung, für die die beiden Regierungschefs jetzt ins Zwielicht geraten. Denn für beide zusammengenommen ist ja schließlich die gesamte Weltbevölkerung Ausländer. So erklärt sich auch, warum das britische Abhorch-Volumen so viel umfangreicher ist als das – bisher bekannt gewordene – amerikanische. Immerhin sind amerikanische Aktivitäten aus Sicht der Briten Auslandsaktivitäten – und damit das Abhorchen durch die Geheimdienstgesetze gedeckt. Und die Amis stehen nach wie vor für knapp die Hälfte des gesamten Email- und Telefonverkehrs weltweit.

Das schlimmste aber ist: Niemand kann sich mehr von der Sittenlosigkeit des Datenabhörens in diesen Zeiten lossagen – es sei denn, man kappt das Telefon- und Internetkabel. Auch das Versprechen einer »Deutschen Cloud« wird durch die Auslandsspionage im Stil des Data Harvesting, der massenhaften Ernte von Daten und Informationen, ad absurdum geführt. Niemand hat die Absicht, eine Mauer zu errichten. Aber schlimmer noch: Niemand wäre in der Lage, gegen diese Horchwut eine Mauer zu errichten.

Ebenso schwer wie das Abhören laufender Kommunikation – ob nun als Massendaten zu Verbindungen oder als stichwortgesteuertes Mithören – ist die Bedrohung, denen sich Unternehmen gegenübersehen, die ihre Firmendaten übers Netz – zum Beispiel in der Cloud – verschieben. Von der Feindspionage zur Wirtschaftsspionage ist es nur ein moralischer, aber kein technischer Schritt. Und die Moral ist in diesen abhörsicheren Zeiten nicht mehr so weit. – Übrigens: Abhörsicher im Sinne von »sicher abhören«.

Was können wir noch tun? Die Bundesregierung, die EU-Kommission müssen umgehend Aufklärung verlangen – über den G8-Gipfel hinaus. Und sie müssen europäische Datensicherheitsnormen zu einem Exportfaktor machen. Und: Wir müssen unsere Daten und Informationen verschlüsseln.

So zynisch es klingen mag: die Cloud ist durch die jüngsten Abhörskandale nicht unsicherer geworden. Fest steht jetzt, dass jede Online-Aktivität Unsicherheiten mit sich bringt. Das jedenfalls ist sicher. – Übrigens auch in Ecuador.

21 Privacy by Design

Also, ich gebe es jetzt zu: Ich habe kürzlich gegen einen Bußgeldbescheid wegen Falschparkens per Mail Widerspruch eingelegt mit der Begründung, meine Frau sei hochschwanger... Da ich aus US-amerikanischer Perspektive Ausländer bin und die Mail wahrscheinlich sowieso auf dem Weg von meinem Wohnort zum Ordnungsamt über einen amerikanischen Server geleitet wurde, gehe ich davon aus, dass die National Security Agency die ganze Sache jetzt eh rauskriegt. Ich bin nämlich 68 und habe nicht mehr die Absicht, noch einmal Vater zu werden. Und meine Frau ist nicht schwanger.

Abgelegt am 17. Juni 2013

Aber genauso sieht die Sicherheitslage aus. Jede meiner Mails, meiner Facebook-Posts, Twitter-Tweets oder eben Bonnblogs geht mit hoher Wahrscheinlichkeit über einen Server in Amerika – und ist damit grundsätzlich im Zugriff amerikanischer Behörden. Das ist die bittere Konsequenz aus der Tatsache, dass deutsche – oder europäische – Unternehmen den Wettlauf ums Internet verloren haben. Bislang zumindest.

Derzeit mag noch spekuliert werden, ob der Zugriff, den sich amerikanische Behörden auf Kommunikationsdaten – ob nun Telefonverbindungen von Verizon, oder Freunde-Profile auf Facebook – genehmigen, direkt ist oder erst nach Anrufung eines (geheim tagenden) US-Gerichts erfolgt. Es darf auch weiter gerätselt werden, ob die Informationen tatsächlich Inhalte umfassen oder doch nur Verbindungsdaten. Entscheidend ist, wir werden ausspioniert – nicht nur, weil es Bedrohungen gibt, sondern auch, weil es technisch möglich ist.

Der Schlag, den die von Edward Snowden durchgesteckten PRISM-Folien jetzt dem arglosen Leben versetzen, ist allerdings enorm. Es ist ein Schlag gegen das Sicherheitsversprechen, das die Cloud mühsam aufgebaut hat. Der Generalverdacht, dass Daten, die auf einem anderen Server liegen, auch weitergegeben werden können (oder in diesem Fall offensichtlich müssen), ist wieder einmal erhärtet.

Die laut PRISM-Folien kooperierenden Unternehmen legen denn auch akribisch Wert auf die Unterscheidung, dass die

NSA nicht nach eigenem Gutdünken Daten einsehen könne. Der gemeinsame O-Ton lautet hier: Es gibt keine Hintertür auf unsere Datensilos. Aber offensichtlich werden doch Anfragen zu Zehntausenden beantwortet, die durch nationale Gerichte durchgewunken wurden. Microsoft, Facebook und Google haben dazu jetzt Zahlen veröffentlicht.

Wie immer heiligt der Zweck die Mittel. Mindestens ein Terrorkomplott sei durch die Abfrageschlacht bereits aufgedeckt worden, wird argumentiert, ohne freilich einen überprüfbaren Hinweis für diese Aussage zu gewähren. Und Abfragen, die auf Entführungsopfer und Betrugsangelegenheiten führen sind ebenfalls in der Statistik enthalten.

Ob nun direkt oder sanktioniert, die PRISMA-Abfragen machen noch einmal deutlich, welche Macht Big Data-Analysen haben – im Guten wie im Schlechten. Wenn Amazon unsere Einkaufsgewohnheiten mit denen anderer vergleicht und daraus auf einen gemeinsamen Geschmack schließt, ist das eine Sache. Wenn unsere private Kommunikation aber im großen Stil sozusagen gewohnheitsmäßig abgegriffen wird, ohne dass das Ausmaß, noch die Zielsetzung auch nur ansatzweise transparent wären, ist die berühmte »rote Linie« überschritten.

Was wir brauchen ist eine Privacy by Design. Smartphone-Betriebssysteme dürfen personenbezogene Daten in Verbindung mit GPS-Informationen nicht an Dritte verticken. Mailprogramme dürfen nicht willkürlich Serversysteme in datentechnischen Schurkenstaaten ansteuern. In Deutschland macht sich bereits eine »Internet made in Germany«-Bewegung vernehmbar, die für gewerbliche wie für private Kommunikation deutsche, oder auch harmonisierte EU-Datenschutzbestimmungen verfolgt.

Aber das Alter meiner Frau kriegt auch die NSA nicht raus.

22 Deutscher Komplexitäts-Komplex

Es ist alles noch viel komplexer – und das ist auch gut so. Oder doch nicht?

Abgelegt am 10. Juni 2013

Unter dem Schlagwort »Industrie 4.0« bastelt die Deutschland GmbH an ihrem neuesten Exportschlager. Denn die globale Vernetzung von Maschinen, Sensoren, Aktoren und menschlichen Akteuren soll den nächsten Schub bringen. Der Deutschen liebste Tugend, die kontinuierliche Geschäftsprozessoptimierung, soll durch »Industrie 4.0« auf den nächsten Fertigungs- und Dienstleistungslevel gehoben werden.

Ein Mini-Kondratieff tut sich da auf, wie sich jetzt die Diskussionsteilnehmer in den Foren rund um die Messe transport logistic in München und bei der Fachtagung »Future Business Clouds« in Berlin einig waren. »Industrie 4.0« das ist im historischen Zusammengang nicht weniger als die vierte Stufe der industriellen Revolution, deren Vorstufen die Mechanisierung, Elektrifizierung und Automatisierung waren. Und jetzt eben Vernetzung im globalen Rahmen.

Dabei kommen die ersten Sendboten dieses Paradigmenwechsels noch recht überschaubar daher: InBin, zum Beispiel, der vom Fraunhofer Institut für Materialwirtschaft und Logistik entwickelte »intelligente Behälter«, mit dem Kommissionierprozesse verbessert und gesteuert werden können. Der Bin verfügt über ein Display, in dem die Kommissionieraufträge abgerufen, dargestellt und die einzelnen Picks angezeigt und bestätigt werden können. InBin reiht sich damit auf den ersten Blick ein in die interaktiven Kommissionierstrategien Pick-to-Light oder Pick-by-Voice, die vor allem darauf abzielen, unnötige Handgriffe im Pick-Prozess zu eliminieren und die Fehlerquote zu reduzieren. Aber ist das dann schon »Industrie 4.0«

Natürlich können solche intelligenten, intervernetzten, interaktiven Innovationen wie InBin mehr – und in Zukunft noch viel mehr. Sie sind aber vor allem flexible Subsysteme, die sich dynamisch mit anderen Subsystemen zu einem durchgängigen, belastungsfähigen Prozess zusammenfinden können, in dem sie dann auch ereignisgesteuert auf Veränderungen im Betriebsablauf reagieren. So wie das Fließband im Automobilbau, das erkennt, dass die Produktion hinter dem Zeitplan zurückbleibt und deshalb die nächste Just-in-Sequence-Lieferung kurzfristig verschiebt und so einen Stau vermeidet.

Das klingt nicht unbedingt nach Paradigmenwechsel. Aber das war der erste schwach leuchtende Glühdraht auch nicht – und doch hat er die elektrische Revolution eingeleitet, nein: eingeleuchtet.

Es ist gerade die Ingenieurleistung des deutschen Mittelstands, die die weltumspannende Vision von der Industrie der vierten Generation aus ihrem Komplexitäts-Komplex holt und in einer Art Evolution der kleinen Schritte zu umsetzbaren Innovatiönchen umdeutet.

Und das ist auch wirklich gut so. Besser kleine, schnuckelige Neuerungen im Rahmen einer großen Vision als sperrige, unverkäufliche Großkonzepte, die wegen ihrer Langfristperspektive zum Ladenhüter werden. Davon hatten wir im komplexitätsvernarrten Europa schon genug. Es sind vor allem die Amerikaner, die uns zeigen, wie man mit unvollkommenen, aber verkaufbaren Neuerungen einen globalen Wandel herbeiführen kann.«»Industrie 4.0« kommt nicht in einem großen, globalen Komplex, sondern In Trippelschritten. Da gehen Jahrzehnte ins Land. Und auch das ist gut so.

23 Nie sollst du mich befragen...

Abgelegt am 3. Juni 2013

Müssen wir künftig eine andere Richtung wählen, wenn wir uns gen SAP verneigen? Was sich in den vergangenen Tagen in der Chefetage des (noch) größten deutschen Softwarekonzerns tut, hat etwas von einer Wagner-Oper, wo Heroen um das Ewige, Gute ringen und am Ende – scheitern. Wie zum Beispiel Cloud-Vorstand Lars Dalgaard und Personalvorstand Luisa Delgado, die letzte Woche von der SAP-Opernbühne abtraten.

Wo allerdings der grüne Hügel für das Festspielhaus demnächst errichtet wird, scheint äußerst fraglich. In Walldorf jedenfalls herrscht Götterdämmerung, während sich im amerikanischen Palo Alto die neuen Gralshüter zusammenfinden.

Sicher ist bislang nur, dass aus der SAP AG ab kommendem Jahr eine SAP SE werden soll, eine Gesellschaft nach europäischem Recht. Doch zu welchem Behufe – außer zum Steuersparen? »Nie sollst du mich befragen«, singen die Wagnerianer bei der SAP und könnten im Lohengrin-Libretto tunlichst fortfahren: »Ob Ost, ob West – das gelte allen gleich.«

DIE Chefetage gibt es bei SAP, das mit weiter abnehmender Genauigkeit »der Walldorfer Softwarekonzern« genannt wird, seit der vergangenen Woche ohnehin nicht mehr. Co-Vorstandschef Jim Hagemann Snabe sitzt meistens in Kopenhagen, sein Kollege Bill McDermott in den USA. Dort – in Palo Alto – haben auch der neue Entwicklungsvorstand Vishal Sikka und Aufsichtsratschef Hasso Plattner ihr Domizil. Und die künftige Kommunikationschefin Victoria Clarke wird auch eher aus einer der US-amerikanischen Niederlassungen der SAP die Marketing- und Kommunikations-Geschicke des Konzerns führen. In Walldorf sitzen hingegen die Urgesteine Gerhard Oswald (jetzt federführend für das Hana-Geschäft zuständig) und Finanzvorstand Werner Brandt, der bis zu seiner Pensionierung im kommenden Jahr nun auch die Personalangelegenheiten regelt.

Das alles sind erdrutschartige Veränderungen, die auch auf der Hauptversammlung des Konzerns am Dienstag dieser Woche interessieren. Denn nicht nur die Frage, wo das Unternehmen künftig sitzt, sondern auch die Zweifel darüber, wo das Unternehmen heute steht, beschäftigen die Aktionäre. Zwar zeigte das aktuelle Quartal wieder deutlich nach oben, riss aber mit ausgewiesenen 520 Millionen €uro Gewinn die Erwartungen der Analysten. In der Folge sank der Aktienkurs um fünf Prozent. Dennoch meinen die meisten Broker, das Kurspotenzial des Konzerns sei bei weitem noch nicht ausgeschöpft – zugetraut werden der SAP bis zu 80 Euro pro Aktie. Und dennoch herrscht Unsicherheit.

Für Besorgnis sorgt dabei auch, dass der Umsatz sich mehr und mehr um Cloud-Produkte und Hana rankt, während das traditionelle Geschäft mit Unternehmenssoftware und Unternehmensberatung zurückgehe – allerdings auf höchstem Niveau. An der neuen Diversität hat SAP hart gearbeitet- und heftig investiert: rund 17 Milliarden Euro wurden allein für Aufkäufe (Business Objects 2007, Sybase 2010, SuccessFactors 2011, Ariba 2012) aus der Hand gegeben. Die Konsequenzen zeigen sich nicht nur in einem gigantischen Integrationsprojekt, in dem unterschiedlichste Firmenphilosophien, Führungsstrukturen und Produktbereiche zu einer neuen, weltumspannenden Einheit zusammengefasst werden sollen. Auch der Umbau des Vertriebs, der auf neue, schnell drehende Produkte und Saleszyklen getrimmt wird, sorgt für zusätzliche Reibungen. Dies gilt auch für die neuen Salesregionen: Nach der Zusammenlegung der beiden »Americas« und dem starken Wachstum in Asien erscheint Europa wie ein abgehängter Kontinent.

Dalgaard und Delgado scheiterten offensichtlich in diesem Umbauprojekt: Vor allem die Talfahrt des ehemaligen »SuccessFactors« Dalgaard war von vielen herbeigesehnt worden. Seit Monaten ließ der von Hasso Plattner schon mal zum neuen starken Mann erhobene Dalgaard kein gutes Haar an der Cloud-Strategie der SAP (»Alles Mist«). Jetzt freilich heißt Plattners Favorit Vishal Sikka. Das muss nicht unbedingt ein gutes Omen sein: Auch Shai Agassi hatte schon mal diesen Ehrentitel. Frei nach Lohengrin sollte man ausrufen: »Nie sollst du mich befördern.«

24 Three Hugs a Day Keep the Doctor Away

Ich weiß jetzt nicht, ob Sie Scott Van Duzer kennen. Nicht? Also dann: Scotty hat einen Pizza & Pasta Diner in Fort Pierce, Fla. USA. Und als im September letzten Jahres noch Präsidentschaftswahlkampf war, bekam Scott überraschend Besuch von Barack Obama. Um seinen überschwänglichen Gefühlen Ausdruck zu verleihen, nahm Scott seinen Präsidenten einfach in eine herzliche Bärenumarmung, die Barack Obama völlig ergeben über sich ergehen ließ, wie das Bild (http://www.nationalhuggingday.com/) beweist.

Abgelegt am 27. Mai 2013

Nun ist ja der weltweite »Hugging Day« nicht im September, sondern am 21. Januar. Aber Scott Van Duzer brachte das Obama-Knuddeln den Titel des »Most Huggable Man« des laufenden Jahres ein. – Wobei ich finde, dass zum Knuddeln immer zwei gehören und deshalb der Preis zu gleichen Teilen auf Scotty und Barack verteilt gehört.

Wie alle wissen, hat Barack Obama die Präsidentschaftswahl nicht verloren, obwohl das Politikerknuddeln ja so eine heikle Sache ist, wie wir unlängst gesehen haben. Als der Bild-Chefredakteur wie »Kai aus der Kiste« angestürmt kam, um seinen Bundeswirtschaftsminister in eine Bärenumarmung zu nehmen, verlor die Rösler-Reise in den Medien ihren eigentlichen Fokus.

Denn die tatsächliche Umarmung, die in dieser Reise geplant und auch vorgenommen wurde, galt dem ganzen Silicon Valley, seinem Gründergeist, seiner Innovationsfreude und seinem – ja, sagen wir es ruhig: Genius. Dieser Genius Loci hat uns alle berührt, die wir in der Delegation des Bundeswirtschaftsministers reisten: Es ist dieses Lebensgefühl des Zurückgelehnt-Seins, das bei allem Wettbewerbsdenken, bei aller Härte im Kampf um Risikokapital, um intelligente Köpfe und um Marktanteile doch immer auch einen sportlich-fairen Geist des gegenseitigen Einverständnisses offenbart. Man ist Elite, aber man ist nicht elitär, sondern in der Elite egalitär.

Diese Attitüde werden insbesondere die zahlreichen Vertreter deutscher Start-up-Companies so empfunden haben müssen (von denen sich übrigens viele beim morgendlichen Zusammentreffen Cheeck-to-Cheeck oder Bearhug-mäßig begrüßten). Die wichtigste Zielsetzung der Rösler-Reise in der vergangenen Woche war es, Jungunternehmer mit Investoren zusammenzubringen. Die zweitwichtigste Zielsetzung bestand darin, in Besuchen bei Google, Facebook, in der Stanford University und in vielen weiteren Treffen im enggepackten Terminplan den Gründergeist aufzunehmen und mit nach Deutschland zu tragen.

Beides ist gelungen. Beides wird sich in den kommenden Monaten – hoffentlich – auch als nachhaltig erweisen. Dann aber wird die »Fürsorgliche Belagerung« durch den Chefredakteur der Bild-Zeitung und die Frage, inwieweit damit mangelnde Distanz zwischen Politik und Presse zum Ausdruck gebracht worden sein könnte, längst durch andere Skandälchen abgelöst worden sein.

Und als hätte die Rösler-Initiative im Silicon Valley noch eines i-Tüpfelchens der Bestätigung bedurft, verkündete SAP jetzt, seinen Hauptsitz vom beschaulichen Walldorf nach Kalifornien zu verlagern. Warum wohl? Um Steuern zu sparen? Oder doch wohl eher, um näher am Spirit des Silicon Valleys zu sein.

Für SAP kommt die Rösler-Initiative zu spät. Aber nur wenn es gelingt, diesen Spirit nach Deutschland zu holen, wird es uns auch gelingen, Hightech-Firmen in Deutschland zu halten und neue hier entstehen zu lassen. Das verlangt den vollen Einsatz – vielleicht sogar den vollen Körpereinsatz.

Übrigens: Vorschläge für den »Most Huggable« Menschen 2013 werden unter diesem Link entgegengenommen. Vielleicht kommen Philipp Rösler und Kai Diekmann ja in die Endausscheidung.

Kai Diekmann jedenfalls macht bereits Karriere. Bei einem seiner nächsten Termine wurde ihm bereits ein Willkommens-Poster entgegengehalten. »Meet Kai for free hugs at 12:30« – »Trefft euch um 12:30 mit Kai zu Umarmungen für umme«. Wir wissen ja alle: Mindestens drei Umarmungen sorgen für ein besseren Wohlergehen. »Drei Umarmungen am Tag halten den Arzt fern« – aber leider nicht die Kritiker.

25 Stühlerücken für Silberrücken

So stellt man sich das vor. Universitätsabschluss, Unternehmensgründung; Umsatzwachstum, Übernahme. 2007 gründete David Karb den Blog-Dienst Tumblr, baute ihn vor allem unter Jugendlichen zu einem rasch wachsenden Internet-Angebot aus – und verkaufte das Jugendwerk jetzt für 885 Millionen Euro – rund 1,1 Milliarden Dollar! – an den Internet-Ureinwohner Yahoo! Die Ex-Google-Managerin Marissa Mayer nimmt dafür rund ein Fünftel des gesamten Firmenvermögens in die Hand.

Abgelegt am 20. Mai 2013

Es ist schon faszinierend, wie das Web seine eigenen Kinder frisst – wenn sie in die Jahre gekommen sind. Yahoo startete weit vor Google und liegt jetzt weit hinter der weltweiten Search Engine zurück. CEO Mayer will bei der Verjüngungskur für den Internet-Oldie nicht nur andere Oldies hinter sich lassen – zum Beispiel die Partnerschaft mit Microsoft Bing. Sie will auch weitere Frischzellen dazukaufen – zum Beispiel den Videodienst Hulu. Und sie sucht den Schulterschluss mit Apple (nun allerdings so etwas wie der Mick Jagger des Internets) bei iPhone und iPad.

Es geht was ab im Silicon Valley. Dort werden Jungunternehmen mit schicken Ideen gegründet, finden Risikokapital, bauen ihr Geschäftsmodell auf und werden dann von alteingesessenen Unternehmen aufgekauft, die ihr Geld global von Anwendern und Werbetreibenden abschöpfen. Eine ebenso Ideen sprühende wie Geld umverteilende Gesellschaft hat sich in Kalifornien etabliert. Und dorthin reisten Pfingstsonntag Bundeswirtschaftsminister Phillip Röser (FDP) nebst 50 jungen Start-up-Unternehmen und einigen etablierten Softwareunternehmern – unter anderem mit mir.

Wir sind auf Schnupperkurs im Silicon Valley, treffen Venture Capitalists, besuchen die großen Internet Companies, wallfahren zum Campus der Stanford University und versorgen eine Reihe von Hightech-Journalisten mit interessanten Einsichten, damit die Initiative in Deutschland möglichst viele Fans und Nachahmer findet. Denn zwei Ziele sind es, die wir hier unter der sengenden Sonne Kaliforniens gebacken bekommen wollen: Mehr Kultur für Risikokapital in

Deutschland – hier gibt es bereits eine durch Minister Rösler eingeleitete Initiative. Und bessere Connections ins Silicon Valley – zu den Think Tanks und Venture Banks. Spät aufgewacht? Fragen die Medien, um kritische Haltung bemüht. Haben wir nicht schon seit Jahrzehnten über dieses Mekka der Hightech-Industrie berichtet? Haben nicht die Wirtschaftsnachrichten aus dieser Erdenregion schon seit den Gründungszeiten von Hewlett-Packard und Intel den Verdacht nahegelegt, dass es im Tal südlich von San Francisco eine Bewegung gibt, die nicht nur die Ökonomie, sondern die Weltkultur verändert.

Ja, muss man sagen: Es ist das Versäumnis der heutigen Silberrücken der deutschen Software-Industrie, dass es ihnen nicht gelungen ist, eine vergleichbare Gründungsszene auch im Zentrum von Europa zu etablieren. Zwar ist alles, was Rang und Namen hat in der deutschen Hightech-Welt auch mit einem Standort im Silicon Valley vertreten. Sogar der TÜV Rheinland hat hier eine Prüf- und Lernstation errichtet. Auch die Hightech-Verbände haben mit schöner Regelmäßigkeit Bildungsreisen ins Tal der unbegrenzten Möglichkeiten organisiert, ohne dass bislang die lodernde Glut (Stoiber) ins Isar-Tal der Lederhosen und Laptops angefacht worden wäre.

Minister Rösler hat eines erkannt – mit den Etablierten ist der Geist des Silicon Valleys in Deutschland nicht zu wecken. Er sucht jungen Unternehmergeist, der hier seine Kenntnisse, Kontakte und seine Konten auffrischen soll. Ob es diesmal klappt? Wird die Initiative über den 22. September hinaus wirken? Dem Standort Deutschland und der Industrie 4.0 wäre es zu wünschen. Ein Stühlerücken unter den Altvorderen, den Silberrücken der deutschen IT-Industrie wäre dann die wünschenswerte Nachwirkung.

26 Veni, Vidi, Wiki

Abgelegt am 13. Mai 2013

Frank Shaw ist der Mann für die klaren Worte. Er ist Microsofts Firmensprecher im Range eines Corporate Vice President. Und natürlich gehört es auch zu seinen Aufgaben, sich vor Steve Ballmer zu werfen, wenn der ins Sperrfeuer der Medienkritik gerät. So wie jetzt, da in Wirtschaftsblättern, News-Portalen und Blog-Einträgen gefordert wird, dass der Microsoft-Chef die persönlichen Konsequenzen aus dem vermeintlichen Windows-8-Desaster ziehen sollte. Erstens, sagt Shaw, sei Windows 8 kein Desaster und zweitens, sagt Shaw, sitzt Steve Ballmer fest im Sattel.

Und überhaupt, sagt Shaw in seinem Firmenblog, gebe es »in dieser Welt, in der jeder ein Publizist ist, einen Trend zum Extremen.« Statt differenzierter Analysen herrsche Sensationslust und Übertreibung, Schwarzweiß statt Graustufen, Schärfe statt Licht. Da wollen wir doch mal kurz anmerken, dass diese Replik ja nun ebenfalls ganz schön schlaglichtartig ohne besondere Nuancierung ausgefallen ist. Aber sei´s drum. Dieser Blog reiht sich auf den nächsten Zeilen garantiert nicht in den Microsoft-Shitstorm ein.

Was Frank Shaw da beobachtet, gehört inzwischen zur Kultur der Web-Society. Als Web-Publizist kann jeder Konsumer auch zum globalen Produktkritiker werden. Das hat eine Menge Vorteile, wenn man die Mechanismen zu nutzen weiß und die Kritik zur Produktverbesserung benutzt. Nicht mehr und nicht weniger tut Microsoft mit Windows 8.1 oder Windows Blue. Wenn die Welt den Start-Button wieder haben will, dann soll sie ihn halt kriegen. Das ist nicht New Coke, das ist New Start.

Immer mehr Unternehmen setzen auf die direkten Feedback-Möglichkeiten, die soziale Netze und Wissensplattformen eröffnen. Intranet und Extranet gehören allmählich auf das Altenteil. Heute wird geteilt, das wussten schon die CeBIT-Macher, als sie das Motto der diesjährigen Messe mit Shareconomy auswählten. Wir posten und bloggen, sharen und publishen – mailen dagegen war irgendwie auch gestern.

In der Tat gibt es kaum ein besseres Medium, als Facebook-ähnliche Webseiten für den unternehmensinternen Gebrauch, wenn es darum geht, eine schnelle Verbreitung von

Informationen nebst Feedback und Updates zu erhalten. Kaum ein globaler Konzern, ja kaum ein Mittelständler, der sich nicht auch daran versucht hätte, das im Unternehmen vorhandene Wissen über Prozesse und Produkte in einem Wiki zu sammeln und zu managen. Anders freilich als in der hierarchiefreien Welt der sozialen Medien, wo man entweder Freunde hat oder nicht, gibt es jedoch innerhalb von Firmen-Wikis hierarchische Gefälle. Kann jeder schreiben was er will beziehungsweise was er weiß? Kann jeder auch jeden verbessern – zum Beispiel der Sachbearbeiter den Abteilungsleiter? Wer stellt aber sicher, dass die im Unternehmens-Wiki, auf der Wissensplattform, im Sharepoint abgelegte Information tatsächlich zutrifft. Wer ist zuständig dafür, dass diese Information auch wirklich auf dem neuesten Stand bleibt?

Wo alle zuständig sind, ist niemand zuständig. Diese Weisheit wird in der Regel durch die Intelligenz des Schwarms widerlegt. Die Open Source-Welt zeigt, dass es immer irgendwo jemanden gibt, der sich um die nächsten Bugfixes kümmert. Bei Wikipedia findet sich immer ein freiwilliger Autor, der Ungenauigkeiten eines Beitrags geraderückt. Aber kann man sich darauf verlassen, wenn es bei Produktinformationen um Wissen geht, das über Leib und Leben entscheiden könnte. Ein Pharma-Wiki etwa oder ein Fluglotsen-Wiki sollte man tunlichst nicht dem Schwarm überlassen.

Aber ein Windows-Wiki schon. In einer Welt, in der jeder Publizist kommt, schaut und kritisiert (und dabei mit hoher Wahrscheinlichkeit ein Microsoft-Produkt verwendet), führt die Anwenderkritik zu einem besseren Produkt. Das ist ein Stück Demokratie. Und von der sagte der andere Shaw, sie sei ein Verfahren, das garantiert, dass wir nicht besser regiert werden als wir verdienen. Oder die Produkte erhalten, die wir verdienen.

27 Information At Your Fingertouch

Bill Clinton zog ins Weiße Haus ein, Whitney Houston sang »I Will Always Love You«, der Bombenanschlag auf das Tiefgeschoss des New Yorker World Trade Centers erschütterte das Gebäude und die ganze Welt – und das Internet begann seinen Sturmlauf um die ganze Welt. Zwei Ereignisse standen dazu Pate: Natürlich die weltweite Freigabe des Hypertext-basierten Informationssystems namens World Wide Web und die Veröffentlichung des ersten Internet-Browsers namens Mosaic.

Abgelegt am 6. Mai 2013

Man kann darüber trefflich streiten, welches der beiden Ereignisse die wahre Ursache für den Siegeszug des Internets ist, denn das eine wäre ohne das andere unvollständig. Beides aber, das World Wide Web und Mosaic, repräsentieren den Anfang vom Ende der uneingeschränkten Marktführerschaft von Microsoft. Sie sind nämlich die Antwort auf jene historisch bedeutsame (das immerhin) Keynote-Speech des Microsoft-Gründers Bill Gates, der im November 1990 einen entscheidenden Claim zu landen versuchte: »Information at Your Fingertips«.

Was Bill Gates damals nicht tat: Er schuf keine neue Vision für das Personal Computing. Seine Vision entsprang der Sorge über den Absatz von Personal Computern. Das jährliche Wachstum an PCs war nämlich im dritten Jahr rückläufig. Also wohlgemerkt: Nicht die Absatzzahlen für Personal Computer gingen zurück, sondern deren Wachstumszahlen.

Ich erinnere mich noch gut: Wir sahen damals auf der Comdex in Las Vegas eine Frühversion von Microsoft Encarta, einer multimedialen, diskettenbasierten Enzyklopädie, mit der dargestellt werden sollte, wie Informationen künftig am Bildschirm eines PCs präsentiert werden. Es war beeindruckend: Namhafte Schauspieler präsentierten Meilensteine der Geistesgeschichte, Original-Filmausschnitte ließen den Betrachter Augen- und Ohrenzeuge historischer Ereignisse werden und – es wurde so nicht genannt, war es aber – eine »Markup Language« ermöglichte die Verlinkung zu weiterführenden Beiträgen. »Drill down« hieß das damals noch nicht.

Die Vision war bestechend: Alles, was wir künftig zu wissen wünschen konnten, würde uns über Microsofts Encarta-Redaktion mundgerecht, nein: at our fingertips präsentiert. Der fundamentale Denkfehler in dieser Vision wurde uns drei Jahre später mit dem WWW und Mosaic aufgedeckt: Nicht so sehr wie die Informationen präsentiert werden, sondern vielmehr wo diese Informationen herkommen und wie sie zusammengestellt werden können, sollte unsere Zukunft bestimmen. Nichts, was sich nach 1993 im Internet ereignete, hatte etwas mit Gates´ Vision vom Information at our Fingertips oder gar mit Microsoft selbst zu tun: Netscape, AOL, eCommerce mit Amazon und eBay, Suchmaschinen mit Yahoo, Altavista und Google, Dotcom.Bubble mit boo.com, Gigabell und Telekom-Aktien, Enzyklopädien à la Wikipedia und Sprachführer wie dict.leo.org, Musiktausch mit Napster und Videotausch mit Youtube, Social Media mit Facebook und Twitter, Software as a Service mit SalesForce und SAP Business by Design, Blogs mit – pars pro toto – bonnblog.eu.

Es gibt freilich eine Ausnahme: den Internet Explorer. Mit ihm hat die Gates-Company ab 1995 das World Wide Web nicht von außen, von der Informationsseite her, sondern von innen, von der Betriebssystemseite aufgerollt. Netscape wurde weggeputscht, AOL wurde geoutlookt.

Mit Windows 8 versucht Microsoft eine Wiederholung des Explorer-Coups im Smartphone- und Tablet-Markt. Das ist durchaus legitim. Aber es wird so lange nicht von Erfolg gekrönt sein, wie Microsoft nicht konsequent die Lehren aus 1993 zieht. Nicht wie Informationen vorgekaut und vorgelesen werden, sondern wie wir sie aus einer Menschheitsdatenbank namens World Wide Web individuell zusammenstellen und priorisieren können, beeinflusst unser Informationsverhalten. Längst haben Apple, Samsung den Slogan von den »Fingertips« wörtlich genommen und auf dem durch das WWW eingeläuteten Paradigma der Individualisierung eine Gestik gegeben. Wir haben in der Tat »Information at our Fingertouch«. Seit ziemlich genau 20 Jahren – dank Tim Berners-Lee und Marc Andreessen. Und trotz Microsoft.

28 Das Ende der ERP-Höfe?

Diese Woche gründet sich im Bitkom eine Projektgruppe ERP. Jetzt erst? Im Jahr 2013?

Abgelegt am 29. April 2013

Man möchte meinen, es gibt kaum etwas Angestaubteres als Enterprise Resource Planning. Aber immerhin ist Deutschlands größtes Softwarehaus mit dieser Materie groß und reich geworden. Und immerhin gibt es noch ein gutes halbes Hundert mittelständischer Softwarehäuser, die mit branchenorientierten ERP-Systemen ihr gutes Auskommen haben.

Anfang der neunziger Jahre hatte die Gartner Group den Geistesblitz, aus der Materialbedarfsplanung so etwas wie die umfassende Ressourcenbedarfsplanung zu machen und das eben nicht MRP, sondern ERP zu nennen. Damals hatten wir gerade erst diesen CIMsalabim von der alles und jeden umfassenden computerintegrierten Fertigung ausgeträumt und uns auf die Basics der planenden und ordnenden Unternehmensführung konzentriert: Enterprise Resource Planning eben.

Die neunziger Jahre entpuppten sich dann als die Boomjahre für ERP-Höfe. Das Jahr 2000 stand vor der Tür und mit ihm die Not, die individuellen, mit dem Y2K-Bug verseuchten Anwendungen abzulegen. Auch mancher Wettbewerber ging da den Weg allen Irdischen, weil er es verabsäumt hatte, die Datumsgrenze rechtzeitig zu erneuern. Ein schöner Akt der Marktbereinigung – zumindest für die Überlebenden.

Man möchte meinen, im ERP-Geschäft hätten wir schon alles erlebt. Der Rest ist Schweigen und Marktverdrängung. Warum also jetzt eine Projektgruppe im Bitkom? Warum nicht lieber noch eine Projektgruppe für Industrie 4.0? Für noch ein Internet der Dings?

Warum? Weil sich auf den alten ERP-Höfen große Kontinentalverschiebungen abzeichnen! SAPs Versuch, mit Business by Design ein Komplett-ERP in die Cloud zu verschieben, ist unter anderem am Allmachts- und Alleinvertretungsanspruch des Walldorfer Unternehmens gescheitert. Es war ein Konzept von gestern, nämlich das des monolithischen ERP-Pakets, das da in die Cloud verschoben wurde. Ganz offensichtlich war das nicht mehr attraktiv. Denn die ERP-Plattform der Zukunft ist kein Monolith, kein allumfassendes

Ganzes, sondern eine Mall, in der Spezialfunktionen durch Apps abgedeckt werden.

Die alten ERP-Höfe stehen vor fünf gravierenden Herausforderungen:

1. Es ist notwendig, innovative Techniken vor allem da aufzugreifen, wo eine neue »User Experience« adressiert werden muss: Tablets und Smartphones als ERP-Endgeräte verlangen eine andere Darstellung als die guten alten Listen.
2. Die Komplexität der Unterfunktionen eines ERP-Systems explodiert gerade zu. Wo heute noch ein LVS, ein Lagerverwaltungssystem, ausreicht, werden zunehmend Systeme fürs Logistic Resource Planning gefragt. Customer Relationship Management ist ein weiteres Beispiel für immer komplexere Unterabteilungen auf dem ERP-Hof.
3. Damit werden die klassischen Softwarehäuser zu neuen Partnermodellen gezwungen. Ein neues Kooperations- und Wettbewerbsverhalten wird dazu führen, dass Generalisten Spezialisten auf ihre Plattform einladen, um zusätzliche Funktionalität bereitzustellen.
4. Dieses Affiliate-Modell lässt sich nur durchsetzen, wenn wir unsere Lösungswelten soweit normieren, dass eine weitgehende Kombinierbarkeit ermöglicht wird. SOA ist freilich daran gescheitert.
5. Die Cloud aber muss dieses Versprechen einlösen. Cloud Computing wird sich im ERP-Markt nur dann durchsetzen, wenn es gelingt, die Anwendungsintegration zwischen ERP-Plattform und zahllosen Apps zu automatisieren. Das könnte zum Beispiel eine Workflow Engine für Business Objects leisten.

Aber ob das die großen Plattformanbieter wirklich wollen? Das Ende der alten ERP-Höfe dürfte der Anfang der neuen sein. Es gibt viel zu diskutieren in einer Projektgruppe ERP. Auch 25 Jahre nachdem der Begriff ERP in die Welt gesetzt wurde.

29 Das Internet der was auch immer

Ein bisschen klingt es wie das Fazit im Stuhlkreis einer Selbsterfahrungsgruppe: »Ich denke, wir haben alle voneinander profitiert«, resümierte beispielsweise der Diplom-Kommunikationsdesigner Alvar Freude. Er war einer der 17 Sachverständigen, die sich zusammen mit 17 Bundestagsabgeordneten drei Jahre regelmäßig in der Enquete-Kommission Internet und Digitale Gesellschaft (EIDG) getroffen hatten. Jetzt hat die Kommission ihren Abschlussbericht vorgelegt: 2000 Seiten, mehrere 100 Handlungsempfehlungen, Null Vision.

Abgelegt am 22. April 2013

Doch zumindest individuell scheint der Erkenntnisgewinn beträchtlich gewesen zu sein. Im Januar etwa gab der Ausschussvorsitzende Axel E. Fischer zu Protokoll: »Erst nach und nach sind für mich die Dimensionen der Veränderungen klar geworden, die die Digitalisierung mit sich bringt.« Das macht aus den EIDGenossen zwar noch keine Internet-Experten. Aber immerhin hat der Bundestag jetzt so etwas wie Expertise in einem zukunftsweisenden Infrastrukturprojekt. Aber dass die Handlungsempfehlungen auch zu empfohlenen Handlungen in der Politik führen werden, darf doch mit einiger Skepsis belegt werden. Schon in der Enquete waren ja die Partei- und Koalitionsgrenzen kaum zu überwinden gewesen. So blieben konkrete Vorschläge oder gar Visionen eben aus, weil sie stets auch hätten als Kritik an der Politik des jeweils anderen Lagers hätten interpretiert werden können. Netzneutralität sieht anders aus.

Kein Wunder, dass sich der Branchenverband BITKOM zwar über die politische Aufwertung der digitalen Welt und ihrer wirtschaftlichen Bedeutung freut, die sich in einer Fortsetzung der Debatte in einem ständigen Ausschuss oder gar in einem Internet-Staatssekretär manifestieren soll. Aber Sätze wie »BITKOM begrüßt, dass sich die Enquete mit der Bedeutung der digitalen Wirtschaft, mit Industrie 4.0 und mit Start-Ups befasst hat«, klingen doch eher nach »Setzen, Sechs« als nach Anerkennung. Denn der Maßnahmenkatalog, der da von der Enquete-Kommission in der vergangenen Woche präsentiert worden war, ist eher vom Knöpfchen-Sortieren im Kurzwarenladen geprägt, als vom großen Lebensentwurf für die digitale Gesellschaft.

Der Katalog – immerhin nach drei Jahren Debatte! – umfasst eine ganze Reihe von No-Brainern: Chancen intelligenter Strom- und Verkehrsnetze, Nutzung von digitalen Lernmedien an Schulen, bundesweit einheitliche Mindeststandards für Medienkompetenz, flächendeckender Breitbandausbau, Ablehnung von Inhaltskontrollen und Netzsperren, Absage an pauschale Vergütungen für urheberrechtliche Nutzungen, Forderung einer europäischen Datenschutzregelung.

Das ist für einen dienstleistungsorientierten, auf den Wissenstransfer ausgelegten Standort Deutschland doch eher ein bisschen wenig. Das Internet der Dinge, das Internet der Prozessorientierung, das Internet der Sensoren und Aktoren, das Internet der Graswurzelbewegung – all das wurde in der Debatte gestreift, ohne dass der Eindruck erweckt werden konnte, es habe zu einer wie auch immer gearteten Inspiration geführt. Am Ende blieben Gemeinplätze und Banalitäten.

Deutschlands wirtschaftliche und gesellschaftliche Zukunft wird vom Umgang mit dem sich dynamisch weiterentwickelnden World Wide Web abhängen. Der stürmischen Entwicklung, die das Internet nahm und weithin nimmt, wird die Enquete-Kommission in ihrem Abschlussbericht kaum gerecht. Das »Internet für was auch immer« braucht Gestalter. Bislang finden die sich vor allem im Silicon Valley. In Berlin sind sie nicht.

30   Der Problem Computer

Es ist jetzt satte drei Jahrzehnte her (Ende 1982), dass das amerikanische Nachrichtenmagazin Time den Personal Computer zum Titelheld seiner Serie »Man of the Year« (später: »Person of the Year«, aber noch nie: »Thing of the Year«) erhoben hatte. Was damals weitgehend unter der Decke gehalten wurde, war der Richtungsstreit, der in der Redaktion über die Frage entbrannt war, ob die Ikone des Personal Computings nun Steve Jobs oder Bill Gates oder Andy Grove sein sollte. Der PC auf dem Titelblatt war in gewisser Weise ein fauler Kompromiss.

Abgelegt am
15. April 2013

Aber das war der Personal Computer eigentlich schon immer. Er brachte Rechenleistung und damit persönliche Computing-Power auf den Schreibtisch um den Preis der Zusammenarbeit. Denn während im Mainframe-Universum alle auf einem System arbeiteten, wurschtelte jeder am PC in eigenen Daten und Anwendungen herum. Erst die Terminal-Emulation (der PC stellt sich dumm) und das LAN (der PC kommt an die Leine) beendeten dieses Chaos. Aber ein Problem Computer blieb der PC eigentlich immer.

Jetzt scheint es, als habe der PC das Ende seines Lebenszyklusses erreicht. Als Desktop hat er praktisch ausgedient, als Laptop befindet er sich in Rückzugsgefechten gegenüber Smartphones und Tablets. Als Netbook hat er bereits das Zeitliche gesegnet. Nachdem 2012 kein gutes Jahr für PC-Verkäufe war, hatten eigentlich alle Marktauguren für das laufende Jahr eine leichte Belebung durch Windows 8 vorhergesagt. Doch die Zahlen des ersten Quartals, die IDC jetzt vorlegte, zeigen alles andere als eine Erholung: 76.3 Millionen Stück bedeuten einen Rückgang um 14 Prozent gegenüber dem vergleichbaren (bereits schlechten) Vorjahreszeitraum. So herb war die Abrisskante noch nie.

Und da Windows 8 bereits als mutmaßlicher Verursacher der (freilich ausgebliebenen) Belebung auserkoren war, liegt es jetzt für viele Analysten nahe, dem Touch-Betriebssystem auch die Schuld am Einbruch bei den Stückzahlen zu geben. Das Microsoft-Bashing geht damit in eine neue Runde. Windows ohne den gewissen Touch zerstöre den PC-Markt, Windows mit dem gewissen Touch sei nicht gut genug für den Tablet-Markt. Windows acht ist längst geächtet.

Dabei ist Microsoft weder für den Aufstieg des PC-Markts, noch für seinen Abstieg allein verantwortlich. Die Redmond-Company profitierte von einer Graswurzel-Bewegung, die für mehr Freiheit auf dem Schreibtisch plädierte, und sie leidet jetzt unter einer Massen-Bewegung, die sich für mehr Freiheit vom Schreibtisch entscheidet. Das Nachrichten-Magazin Time hatte das übrigens nicht nur längst erkannt, sondern auch bereits honoriert: mit dem »Du« (You) als Person of the Year des Jahres 2006. You, das war der World-Wide-Webonaut, der sich übrigens nicht nur Information at his (or her) Fingertips besorgte, sondern sich auch online zu Protestbewegungen verabredete. Das brachte ihm 2011 noch einmal den Titel »Person of the Year« ein – als Protestler oder Wutbürger.

Machen wir uns nichts vor: Der PC stirbt nicht an einem möglicherweise unzureichenden Produkt wie Windows 8. Der Problem Computer erstickt allmählich an seinem eigenen Overhead. Wenn Mitarbeiter jetzt ihr eigenes Endgerät in die Arbeitswelt mitbringen und sich dabei immer häufiger für online-gebundene Tablets entscheiden, dann kehren sie zu einer Architektur der zentralen Rechenzentren zurück, weil dies weniger Administration, weniger Datenmanagement, mehr Ausfallsicherheit, mehr Komfort – und vor allem mehr Kollaboration bedeutet.

Wer 1982 entgegen dem Hype rund um den PC dem Problem Computer ein baldiges Ende vorhergesagt hatte, dürfte jetzt allmählich recht bekommen – nur viel später als vermutet. Doch ohne den Problem Computer würde es die wahre PC, die Personal Cloud, nicht gegeben haben. Es ist vielleicht zu früh für einen Nachruf auf den Personal Computer, aber es ist nicht zu spät, sich auf die Personal Cloud einzustellen.

Übrigens: Andy Grove bekam dann doch noch die Auszeichnung »Person of the Year« – 1997, mit 15 Jahren Verspätung. Und auch Bill Gates brachte es in gewisser Weise zu dieser Auszeichnung – 2005 als »guter Samariter« zusammen mit seiner Frau Melinda und vielen anderen Großspendern. Nur Steve Jobs blieb diese Auszeichnung versagt. Aber der war ja auch immer eher ein Problem Computermann…

31 Ich bin doch nicht BYOD!

Anfang der neunziger Jahre fühlte sich IBM vom Markt ungeliebt. Big Blue hatte zwar noch das Ohr der IT-Manager im Unternehmen, die unverändert und bereitwilligst die Schecks für den nächsten Mainframe-Upgrade unterschrieben. Aber der gemeine Consumer hatte mit IBM nichts mehr am Hut. OS/2 war kein Enduser-Betriebssystem, sondern irgendwie eine Schmalspurversion jener Systemsoftware, die die Mainframes steuerte: MVS. Wer wäre schon auf die Idee gekommen, zu Hause ein überteuertes PS/2 mit OS/2 aufzustellen. Doch höchstens die Big Blue Die Hards!

Abgelegt am 8. April 2013

Anfang dieser Woche lädt Microsoft die IT-Manager nach Las Vegas ein, um ihnen die Schönheiten der Corporate-IT zu präsentieren – so Sachen wie System Center Configuration Manager Service Pack (Werkzeug zur zentralisierten Verwaltung von Hard- und Software) oder User State Migration Toolkit (ein Kommandozeilenprogramm, um Benutzerdateien und Benutzereinstellungen von einem Windows-Computer zu einem anderen zu übertragen). Ja, um der Wahrheit die Ehre zu geben, auch die jüngste Betaversion der Virtual Machine für Windows Azure wird präsentiert – also doch immerhin auch Cloud Computing.

Aber wer heute sein eigenes Endgerät mit in die Firma bringt und dann eine Integration mit der Welt der Unternehmensdaten wünscht, der kommt nun mal nicht typischerweise mit einem Windows-Gerät daher, sondern mit einem System für Android, iOS oder BBOS. Die jüngsten Zahlen aus den Märkten für Smartphones und Tablets sind niederschmetternd – nicht nur für Microsoft, sondern vor allem für IT-Manager. Sie müssen sich damit beschäftigen, dass die BYOD-Welle sie nicht überrollt. Bring Your Own Device heißt heute vor allem: Schlepp was anderes als Windows an.

Die Parallele könnte nicht frappierender sein. Was IBM mit OS/2 misslang, scheint Microsoft mit Windows 8 in den Sand zu setzen. Nach dem herben Einbruch bei PC-Stückzahlen im vergangenen Jahr auf zwar immer noch beeindruckende 341 Millionen Einheiten, sehen Gartner und IDC zwar eine leichte Erholung für 2014. Aber spätestens 2017 soll der PC-Absatz um weitere 20 Prozent auf dann noch 270 Millionen Stück zurückgegangen sein. Und schlimmer noch: Das Wachstum von zuletzt 20 Prozent bei mobilen Endgeräten für Windows 8 ist bei deutlich geringeren Basiswerten alles andere als ein Ausgleich für diese Erosion bei Marktanteilen.

Und wenn im Unternehmen weiterhin Microsoft-Produkte eingesetzt werden, so sperren sie den besonderen Touch, der mit der Gestensteuerung von Windows 8 verbunden sein könnte, an den Werkstoren aus. Auf dem Firmengelände wird getippt – und zwar auf der Tastatur – und nicht angetippt – auf dem Bildschirm. Und das bedeutet, dass Windows 7 hier noch lange fröhliche Urständ feiern wird – oder aber Windows 8 in seiner rückwärtsgewandten Variante. So wie OS/2 auch einen Windows-Modus kannte, kennt Windows 8 einen Tasten-Modus. Tasten im Sinne von Tastatur, nicht im Sinne von Berühren.

Wie IBM in den neunziger Jahren steckte Microsoft zu lange und zu intensiv mit den IT-Managern zusammen, statt den Trend auf der Straße zu verfolgen. Aber die IT-Manager sind nur so lange gegenüber ihrem Lieferanten loyal, wie sie damit nicht in Konflikt mit ihren Anwendern geraten. Die aber wollen was anderes als Corporate-IT der kleinen Schritte. Sie wollen Mobilität und Modernität. Sie wollen vielleicht ihr Reporting auf dem Ultrabook erfassen. Aber ihre Mails checken sie längst woanders.

Microsoft ist nicht BYOD. Microsoft ist so sexy wie IBM in den neunziger Jahren. Aber der damalige Schock hat Big Blue gut getan. Jetzt muss er auch Microsoft treffen – möglichst heilsam.

32 Bitte, nicht stören!

Dem Presse- und Informationsamt der Bundesregierung ist – vermutlich unfreiwillig – eine völlig neue Wortschöpfung gelungen: »Unternehmertun«. Das Unternehmertun ist womöglich das, was Unternehmer tun. Also was unternehmen. Sonst wären sie ja Unterlasser.

Abgelegt am 2. April 2013

Der Satz, in dem wir dieses wunderbare Wortgetüm finden, stammt aus der Verlautbarung über den Besuch der Bundeskanzlerin bei einem Unternehmen aus dem Erzgebirge und lautet:

»Die Politik wolle alles tun, Unternehmertun vor allem nicht zu sehr in seiner Entwicklung zu stören, und wo immer es geht, hilfreiche Rahmenbedingungen entstehen zu lassen, sagte Merkel.« Ehrlich, ich habe diesen Satz nicht erfunden, sondern fein säuberlich kopiert und die Quelle dokumentiert.[1]

Was muss das mittelständische Unternehmertum da zur Kenntnis nehmen? Die Politik sieht es als ihr Ziel, den Mittelstand nicht allzu sehr zu stören? Da muss man doch erst einmal nach Luft schnappen!

Naiv wie man als mittelständischer Unternehmer nun mal ist, war ich bislang davon ausgegangen, das erklärte Ziel der Politik bestehe darin, das Unternehmertum (und in Gottes Namen auch das Unternehmertun) zu fördern! Aber einfach nur nicht stören – das ist schon ein anderer Zungenschlag.

Da kratzt man sich doch seinen Mittelstandsbauch und schaut verängstigt über die Grenze nach Holland, pardon: Frankreich, wo der sozialistische Staatspräsident soeben seine Pläne bekräftigt hat, mittelständische Unternehmen, die mehr als eine Million Euro Umsatz erzielen, mit einem Spitzensteuersatz von 75 Prozent belasten, nein man darf wohl sagen: belästigen zu wollen.

Apropos Mittelstandsbauch: Wer jetzt Wohlstandsbauch assoziiert haben sollte, der offenbart ein gängiges Vorurteil. Nämlich das vom gewöhnlich gut betuchten mittelständischen Familienvorstand, der mit seinem kleinen oder mittleren Unternehmen (heute unschön KMU genannt) jährlich

---

[1] http://www.bundesregierung.de/Content/DE/Artikel/2013/03/2013-03-11-bk-besuch-in-sachsen.html

einen hübschen Gewinn einstreicht. Tatsächlich aber ist der Mittelstandsbauch jene fatale kalte Progression, die nicht nur mittelständische Unternehmer, sondern auch mittelständische Arbeitnehmer zu einer besonderen Steuerlast zwingt. Aber statt – wie ursprünglich geplant – die wachstumshemmenden Ungerechtigkeiten im Steuersystem zu beseitigen, wird jetzt, wenige Monate vor der Bundestagswahl von allen Seiten über Steuererhöhung spekuliert. Durchaus moderat, nicht so radikal wie in Frankreich – aber Steuererhöhung ist Steuererhöhung: Nach den Vorstellungen von SPD und Grünen sollen Einkommen ab 64.000 Euro mit 49 Prozent besteuert werden. Und auch die saarländische Ministerpräsidentin Annegret Kramp-Karrenbauer (CDU) stellt sich eine vergleichbare Maßnahme vor. Allerdings ist sie damit in ihrer Partei noch allein – vorerst.

Mehr als 3 Millionen mittelständische Unternehmer sind auch mehr als 3 Millionen Wahlstimmen. Vielleicht sollten wir vor dem Urnengang noch eine Unterschriftenaktion starten: »Bitte nicht stören – wir haben genug mit dem Aufschwung zu tun.«

Vielleicht versucht sich auch das Presse- und Informationsamt der Bundesregierung demnächst nicht an einer Wortschöpfung, sondern an einer Wertschöpfung. Das ist nämlich das mittelständische Unternehmertun, das Deutschland wirtschaftlich leistungsstark hält.

33 Wer hats erfunden?

Diese Ricola-Werbung, in der ein nerviger Schweizer das Urheberrecht auf ein Kräuterbonbon reklamiert, ist zu einer stehenden Redewendung geworden, wenn es darum geht, geistiges Eigentum zu beanspruchen. Mal ist es ein Finne, mal ein Amerikaner, natürlich auch mal ein Deutscher, der fälschlicherweise für sich beansprucht, diese hustenlösenden Drops in die Welt gesetzt zu haben. Sie alle lassen sich von einem kleinen Zupfer an der Jacke beeindrucken und kehren reumütig zur Wahrheit zurück. Ja, die wachsamen, nimmermüden Schweizer.

Abgelegt am 25. März 2013

Aber anders geht's wohl nicht im internationalen Patentrecht, wenn man klein ist: Dann muss man wachsam und nimmermüde sein, denn die Raubkopie droht immer und überall. Das Plagiat als Geschäftsmodell ist durchaus tragfähig – es spart Entwicklungskosten, vermeidet die Risiken des Fehlschlags und geht schneller als die mühselige Forschung. Sich dagegen zu wehren fällt vor allem kleinen und mittleren Unternehmen zunehmend schwer. Patente müssen nicht nur im eigenen Land, sondern nahezu in allen Industrie- und Schwellenländern durchgesetzt werden. Allein an der Vielsprachigkeit dieses Unterfangens scheitern mittelständische Unternehmen. Sie konzentrieren sich auf Schwerpunktländer und hoffen, dass der eigene Erfindungsreichtum schneller Früchte trägt als der Erkundungsreichtum der faulen Konkurrenz. Vor allem die mehr als tausend Hidden Champions in Deutschland, Unternehmen mit wenig Außenwirkung, aber weltweiter Marktführerschaft in ausgesuchten Märkten, müssen hier ständig um ihr Eigentum kämpfen. Die geistige Enteignung durchs Raubkopieren droht jeden Tag rund um den Globus.

Der mangelnde Respekt vor dem geistigen Eigentum hinter der Softwareentwicklung hat Microsoft vor Jahren bewogen, den gesamtwirtschaftlichen Schaden der Raubkopien rund um Windows zu beziffern. Allein 1,5 Milliarden Dollar gehen demnach dem Konzern durch illegal genutzte Microsoft-Software in den sogenannten BRIC-Ländern (Brasilien, Russland, Indien, China) flöten. Und selbst in Deutschland wird der wirtschaftliche Schaden durch das Raubkopieren auf 1,7 Milliarden Euro an Lizenz- und Dienstleistungsgeschäft angesetzt. Allein an raubkopierten Computerspielen entsteht ein Verlust von 680 Millionen Euro. Alles in allem genug, um Tausende neue Arbeitsplätze zu schaffen.

Dass die Entwürdigung geistigen Eigentums bei Doktorarbeiten nicht Halt macht, haben die Politikskandale der jüngsten Vergangenheit gezeigt. Hier liegt der wirtschaftliche Schaden zwar deutlich niedriger, das politische Porzellan, das hier zerschlagen worden ist, hat jedoch einer ganzen Nation durchaus geschadet. Das Land der Dichter und Denker gerät in Verruf als Land der Zinker und Zocker.

Am Dienstag dieser Woche laden die Spitzenverbände der deutschen Wirtschaft zum »Tag des geistigen Eigentums« ins Haus der deutschen Wirtschaft nach Berlin. BDI, DIHK, Markenverband und APM wollen vor allem die Gefahr und Gefährdung des Mittelstands diskutieren, die aus der unrechtmäßigen Aneignung der Resultate angestrengten Nachdenkens – ob in Forschung und Entwicklung, in Prozessen und Produkten, in Worten und Bildern – entstehen. Es geht um zweierlei: Schärfung des Bewusstseins, dass der Ideenklau überall drohen kann. Und Schärfung des Bewusstseins, dass der Ideenklau schnell getan ist und oft als Kavaliersdelikt abgetan werden kann.

Es ist interessant, dass der Verwertungsgedanke geistiger Leistungen erst mit der Renaissance in unser Weltbild getreten ist. Er ist sozusagen ein Kind der Individualisierung unseres Denkens und Handels. Mit der Vorstellung, dass Urheber ein exklusives Verwertungsrecht ihrer Gedankenleistung gewinnen, zündete überhaupt erst unsere geistige, technische und wirtschaftliche Entwicklung. Ohne sie wäre der Fortschritt-Drops schnell gelutscht – egal, wer ihn erfunden hat.

34 Genossen, schafft für mehr Sicherheit!

Abgelegt am 18. März 2013

Unnötige Anglizismen wie das CeBIT-Motto »Shareconomy« oder der modernistische Gattungsbegriff Cloud Computing werden 1966 nicht in den feierlichen Reden zitiert worden sein, als Information Technology noch Angewandte Datenverarbeitung (ADV) geheißen hat. Aber genau das hatte Heinz Sebiger und 64 weiteren Steuerberatern aus dem Kammerbezirk Nürnberg vorgeschwebt, als sie eine Genossenschaft für die elektronische Verarbeitung von Daten ins Leben riefen und damit praktisch die erste IT-Community hierzulande – oder gar weltweit? – gründeten. Heute zählt die Datev-Community erstmals mehr als 40000 Genossen.

Ihr oberstes Markenzeichen müsste eigentlich jeden Marketing-Manager zur Verzweiflung bringen: Sicherheit! Puh. Buchungsbelege! Geht's noch? Kann man sich was Angestaubteres denken? Und doch: Die Datev ist so ziemlich das Angesagteste, was auf dem deutschen IT-Markt zu finden ist. Das nach Umsatz gerechnet viertgrößte deutsche Softwarehaus ist mit 760 Millionen Euro, unverändert satten Wachstumsraten und einem Mitarbeiterbestand von 6000 Beschäftigten ein Aushängeschild für so manches Markenzeichen wie »German Cloud«, »Software made in Germany«, »Deutscher Datenschutz« – die Datev ist kein Marktbegleiter, kein Wettbewerber, sondern eine Instanz: Wenns die Datev macht, kann es nicht grundfalsch sein...

Zum Beispiel Cloud Computing: Die Datev ist der ideale Beweis dafür, dass Software und Services on Demand alles andere als ein neues Konzept darstellt – es ist vielmehr der Gründungsgedanke der Genossenschaft, die 1969 ihr erstes eigenes Service-Rechenzentrum für ihre Steuerberater-Dienste einweihen ließ – durch keinen geringeren als den damaligen Bundesfinanzminister Franz Josef Strauß. Heute heißt »Cloud Computing« im Datev-Idiom immer noch ganz unaufgeregt »Digitale Zusammenarbeit«. Das klingt beileibe nicht so sexy wie »Shareconomy« – ist aber unheimlich erfolgreich.

Ein paar Zahlen: Täglich holt die Datev 800.000 Kontoauszugsdaten ein – der Service wächst monatlich um 6000

Konten, deren Belege gesichtet und gesichert werden. Rund 1000 Unternehmen entscheiden sich Monat für Monat zusätzlich dafür, ihre Belegverwaltung der Datev anzuvertrauen. Derzeit sind es 65000 Unternehmen, die zusammen ein Volumen von 5 Millionen «Belegbildern» generieren – monatlich wohlgemerkt. Und nicht zuletzt: 80 Prozent der rund 3,14 Millionen umsatzsteuerpflichtigen Unternehmen haben Finanzbuchhaltungsdaten bei der Datev gespeichert.

Die Datev-Community aus nunmehr 40.000 Genossen hat einen gemeinsamen Nenner – Sicherheit. Sie ist möglicherweise die wichtigste Währung, über die das Nürnberger Unternehmen verfügt. So sicher wie die Bundesbank und so flexibel wie die Bundesregierung!

Dass sich auch die Datev immer wieder neu erfinden muss wird gerade jetzt unter der Ägide des Sebiger-Nachfolgers Dieter Kempf deutlich: Digitale Zusammenarbeit ist mehr als Services rund um Belege und Steuerberatung. Es ist steuern und beraten. Kein Wunder, dass die Datev im Zeitalter des Cloud Computings nicht nur auf die Daten schaut, sondern auch auf die Anwendungen, mit denen sie produziert werden.

Es dürfte nicht überraschen, wenn die Datev nicht nur für die Sicherheit der Daten als Marke herhalten könnte, sondern auch für die Ordnungsmäßigkeit der Geschäftsprozesse im und zwischen Unternehmen. Die Datev als Anwendungs-TÜV – das wäre, das ist ein Exportschlager, der im europäischen Ausland auch schon erste Blüten treibt. Neben Industrie 4.0 ist »Security 4.0« ein wichtiger Exportschlager. Genossen, schafft für mehr Sicherheit.

Übrigens: Heinz Sebiger wurde in diesen Tagen 90. Gratulation.

35 SolBIT – alt genug zum Teilen

Abgelegt am 11. März 2013

Sol lucet omnibus, wusste der Lateiner – die Sonne scheint für alle – und verstand damit so etwas wie einen Hauch von Sozialismus. Passend zum Messekunstwort der diesjährigen CeBIT – Shareconomy, die Wirtschaftslehre vom Teilen – zeigte sich die Sonne von ihrer angenehmsten Seite. Sie war zumindest am ersten und zweiten Messetag der uneingeschränkte »Star« der CeBIT – denn der beste Messestandort war auf dem Campus vor dem Congress Center. Den teilten sich – ganz im Sinne des Messemottos – Aussteller und Besucher.

Das hatte Auswirkungen auf das Besuchsverhalten: Die CeBIT legte einen Blitzstart hin. Allein in den ersten drei Stunden schienen die Kontaktzahlen des ersten Messetags des Vorjahrs erreicht zu werden – und die Erwartungen stiegen sprunghaft. Dann aber kam die Mittagszeit und die Gänge leerten sich sichtlich. Und offensichtlich kehrten die Besucher auch am Nachmittag nicht zurück. Das Spiel wiederholte sich am zweiten Tag, der aber dennoch der bekannt starke Messemittwoch war. Nachmittags interpretierten die Besucher das Messemotto mit sonnigem Gemüt: Was schert mich die Ökonomie. Die einzige Ökosphäre, die zählte, war die Rasenfläche.

Eine zweite mögliche Wirkung der Sonne war die außerordentlich positive Stimmung in den Gesprächen. Nach dem dunkelsten Winter seit Aufzeichnung der Wetterdaten hatten sonnige Gemüter Gute-Laune-Stimmung und zeigten lebhaftes Interesse an Investitionsmöglichkeiten. Ob man allerdings aus dieser Hochstimmung tatsächlich auf ein Konjunkturhoch schließen sollte oder doch nur auf das meteorologische Hoch, werden wir abwarten. Der Schneeeinbruch zum Ende der Woche jedenfalls brachte keinen nennenswerten Stimmungseinbruch in der geteilten Wirtschaft.

Bei aller Diskussion im Umfeld um sinkende Besucherzahlen und Ausstelleranmeldungen: Die CeBIT ist unverändert ein Meilenstein in unserem Marketingkalender; 4100 Unternehmen teilten in den Messehallen ihre Innovationen. Aber die Bedeutung der CeBIT als Ankündigungsmesse verblasst.

35 SolBIT – alt genug zum Teilen

Niemand kann mehr auf den März warten, um seine Produktpalette rundzuerneuern. Dies geschieht immer und überall, das ganze Jahr und rund um den Globus. Aber die Bedeutung der CeBIT misst sich vor allem in der Anzahl der Kontakte, der Verkaufschancen, in »Leads«. Ein CeBIT-Auftritt finanziert sich aus den Leads, die wir in Kunden umwandeln können. Auch hier aber gilt: Niemand kann bis März warten, um neue Kontakte zu generieren. Bedarf besteht über das ganze Jahr hinweg.

Liegt es an den 30 Jahren CeBIT-Wallfahrt, in denen man nicht jünger geworden ist, – oder ist das tatsächlich ein Trend, der sich uns darstellt? Die CeBIT ist eine »junge Messe«. Das sieht man nicht nur an der hohen Zahl von Start-ups die in Hannover auf zwei Gemeinschaftsständen ausstellten. Es zeigt sich auch, dass die Entscheidungsträger immer jünger werden – gerade im Mittelstand kommen junge Leute immer früher in Positionen, in denen sie über hohe Investitionen entscheiden. Das zeigt sich auch im geänderten Nachfrageverhalten. Dass beispielsweise auch ERP-Lösungen auf dem Touch-Tablet »laufen« und damit mobil sind, ist für sie eine Selbstverständlichkeit.

Für die jünger werdende CeBIT-Gemeinde ist das Teilen von Informationen, Ideen und Innovationen gang und gäbe. Insofern hat der Slogan Shareconomy ins Schwarze getroffen. Dabei ist es faszinierend, dass Services – wie zum Beispiel Carshareing – ein CeBIT-Thema sind. Die CeBIT wandelt sich damit von einer Messe für IT-Produkte zu einer Show für Dienstleistungen, die erst durch IT möglich oder zumindest wirtschaftlich möglich werden. Vielleicht sollte man künftig nicht nur ein Partnerland, sondern eine Partner-Anwenderbranche zur CeBIT einladen. Fürs Teilen wären ja Hallen genug da...

36 Internationaler Büchsen-Macher

Abgelegt am 4. März 2013

Stanley Kubrick hat der IBM, den International Business Machines, ein ewiges Denkmal gesetzt – den HAL 9000-Computer, dessen gigantische Datenspeicher nahezu das gesamte Raumschiff Discovery One ausfüllen. Sein rotes Infrarot-Licht ist der einzige Hinweis auf so etwas wie Software – der Rest ist Hardware, Big Iron, Blech-Büchsen.

Das Denkmal ist so hellsichtig und weitsichtig, dass es mehr als vier Jahrzehnte, nachdem es erstmals über die Leinwand flimmerte, den immer noch andauernden Grunddissens der IBM symbolisiert: Wer generiert eigentlich die Wertschöpfung – die Hardware, ohne die nichts läuft, oder die Software und Services, ohne die man keine Hardware braucht? Im Film ist es die Softare, die die Mission schließlich gefährdet...

Ganz seltsam waberte diese dichotome Grundsatzfrage auch hier in Las Vegas durch die Räume des Convention Centers. Als langjähriger Wallfahrer zur IBM Partner World habe ich Big Blues Wandlungen und Anwandlungen Welle für Welle miterleben können. Aber diesmal waren der Generationswechsel und der Themenwechsel so manifest wie nie. Und doch – auch wenn überall das Hohe Lied von Big Data, Cloud Computing und Business Intelligence auf diesem immer smarter werdenden Planeten gesungen wurde, am Ende kam doch immer wieder dieselbe Coda: Und dafür liefert IBM nicht nur die Software und Services, sondern auch eine einzigartige Hardware-Palette. Die Hommage an den CIO, der als Herr über das Data Center immer noch die Rieseninvestitionen in Schränke und Kabelbäume genehmigt, hatte in jedem Redebeitrag ihren wiederkehrenden Nachhall.

Aber IBM muss wie die gesamte Informationswirtschaft nicht den Fokus auf den Information Officer setzen, sondern den CFO, den CEO und den CMO adressieren. Der Wert der Informationstechnik liegt nämlich nicht in sich begründet, sondern in dem, was die Anwender aus ihr machen. Niemand brachte dies klarer zum Ausdruck als Bruno di Leo, Senior Vice President Sales and Distribution: «Wichtig ist nicht, was wir verkaufen, sondern wie wir verkaufen», rief er den IBM-

Kollegen und Business Partnern zu. Nur über den Wert, den IT eröffne, könne IBM ihr Ziel erreichen, »die wichtigste Firma der IT-Firma zu sein« und zu bleiben. Nichts Geringeres war schon immer der Anspruch der Watson-Company.

Und dieses Ziel teilt Big Blue mit ihren Partnern, in die eine Milliarde Dollar an Marktanreizen, Rabatten und Technologie gesteckt werden soll. Allein 44 Innovationszentren weltweit, auf die Partner rund um den Globus zurückgreifen können, sollen das gemeinsame Geschäft voranbringen. 150 Millionen Dollar will IBM allein im laufenden Jahr in gemeinsame Marketingaktivitäten stecken.

Und in welche Sparten soll das Geld fließen? Dorthin, wo die schönsten Wachstumsraten winken. Infrastrukturen für smarter Cities zum Beispiel, deren Ausgaben um 13 Prozent jährlich wachsen sollen. Big Data natürlich, wo Umsatzwachstum von 17 Prozent erwartet wird. Und natürlich im mobilen Internet mit Wachstumsraten von 18 Prozent. Schließlich als ewiger Spitzenreiter: Cloud Computing mit Steigerungen von 22 Prozent – mehr als ein Fünftel pro Jahr.

Das sind die Themen einer gemeinsamen Agenda für IBM und ihre Partner – allerdings auch für ihre Marktbegleiter.

Natürlich sollen auch die Partner in den smarter werdenden Planeten investieren. Am Ende stehe nichts weniger als eine neue Ära des Computings – was auch immer das ist.

Mag sein, dass wir uns am Beginn eines neuen Zeitalters befinden. IBM ist auf jeden Fall am Beginn eines weiteren Generationswechsels. Aber in einem wird sich Big Blue treu bleiben – als internationaler Büchsen-Macher.

37 Der Teilen-Beschleuniger

Dies ist die Woche, in der so um die 50.000 Menschen in Deutschland – und vielleicht das Vierfache weltweit –, am großen Rad drehen. Sie sind auf der Zielgerade, um ihre CeBIT-Präsentationen fertigzustellen – Programmierer, Vertriebschefs, Marketiers, Messebauer. Warum machen wir das? Warum setzen wir uns in einer Zeit, in der wir jeden jederzeit erreichen können, in der wir in eigenen Communities kontinuierlich Feedback über unsere Angebote erhalten, diesem Stress aus? Warum reisen wir alle in eine mittelgroße deutsche Landeshauptstadt mit (vor allem im März) eingefrorenem Flair, um Kunden, Lieferanten und Wettbewerber zu treffen, die wir auch an jedem anderen (schöneren) Ort auf dieser Welt treffen könnten?

Abgelegt am 25. Februar 2013

Warum? Weil die CeBIT auch in einer Zeit der sozialen Medien, des mobilen Internets, der Industrie 4.0 die Leitmesse der Informationstechnik ist. Weil wir hier die entscheidende Leistung eines Marktplatzes nutzen: Teilen und Mitteilen, Austauschen und Tauschen. Mit dem diesjährigen Motto »Shareconomy« hat sich die CeBIT selbst zum Thema gemacht. Shareconomy handelt vom Teilen: Gedanken, Dienste, Produkte, Innovationen – und genau das findet auf der CeBIT statt. Die Welt in einer Nussschale.

Es stimmt natürlich: Die Zeiten sind vorbei, in denen zur CeBIT die ganz großen Neuheiten, die Verkaufsschlager für das junge Jahr, die Trendsetter der Informationswirtschaft präsentiert wurden. Vor 25 Jahren zum Beispiel stand Network Computing im Mittelpunkt, vor zwei Jahrzehnten war es der Pentium Prozessor, der die CeBIT-Gänger begeisterte. Am diesjährigen Messekracher haben alle Anteil – es sind die Communities, in denen Geschäftsmodelle geteilt, Ideen diskutiert und Produkte arbeitsteilig hergestellt werden. Shareconomy – die Lehre vom geilen Teilen.

Nicht die Diashow (wie früher) steht im Mittelpunkt der CeBIT, sondern der Dialog – zwischen Anbietern und Anwendern, zwischen Industrien, deren Produktwelten sich aufeinander zu bewegen. Am Automobil, das mit seiner Umwelt kommuniziert, wird das Element der Konvergenz ebenso deutlich wie am Haus, das seine Energieversorgung steuert, oder bei dem Produkt, das seinen Weg zum Bestimmungsort selbst kennt und mitteilt.

Anders als die CES in Las Vegas (die aber den deutlich attraktiveren Standort für sich reklamieren kann), ist die CeBIT immer eine Industriemesse – ein Treffpunkt für die Realwirtschaft. Während die CES die Welt aus der Sicht des Konsumenten wahrnimmt, sucht die CeBIT den Unternehmer, den Selbständigen, den Entscheider. Das wird auch die Abgrenzung zur Funkausstellung in Berlin bleiben, wo Informationswirtschaft und Telekommunikation mit Sendebewußtsein präsentiert wird. Als Spiegelbild der Wirtschaft hat die CeBIT hingegen allen Grund zum Selbstbewusstsein.

Aber nochmal: Müssen wir da immer noch hin? Ja, denn nirgendwo sonst kann man seine Ideen so effektiv zu Markte tragen, sie jener Kritik aussetzen, aus der sich die nächsten Innovationsschritte ergeben. Gewiss ist die CeBIT keine Verkaufsmesse mehr, auf der die Auftragsbücher fürs ganze Jahr gefüllt werden. Wichtiger ist es, die Notizbücher zu füllen.

Teilen und Mitteilen – das ist das Mantra der CeBIT. Und es ist gut, dass sie dieses Mantra sogar zum Messemotto erhoben hat: Shareconomy.

38 Was geschieht in Berlin, wenn in Indien ein Sack Reis umfällt?

»Wer zweimal mit derselben pennt, gehört schon zum Establishment«, haben wir 68 gereimt. Heute bin ich beinahe 68 und gehöre gewiss zum Establishment – also laut Definition zu einer wirtschaftlich, politisch und gesellschaftlich einflussreichen Milieugruppierung. Dazuzugehören ist kein Einzelschicksal, sondern der Lauf der Dinge. Als Kölner sagt man dazu auch »jeder hätt sin Schmölzchen«.

Abgelegt am 18. Februar 2013

Etabliert zu sein, ist durchaus ein erstrebenswertes Ziel, das allerdings die nicht geringe Gefahr birgt, vor lauter Arriviertheit nachher nicht mehr innovativ zu sein, oder gar repräsentativ. Insofern hat sich seit 68 nicht viel geändert – Establishment ist von innen betrachtet angenehm, von außen eher unbequem. Und dann auch schnell obsolet.

Verbände und Vereine – vor allem aber Interessensverbände, vulgo: Lobbys – stehen in der Gefahr, im Etabliertsein zu erstarren und dadurch die eigene Gründungsidee ad absurdum zu führen. Dies bekam in der vergangenen Woche die vermeintlich junge IT-Industrie in Indien zu spüren, als sich im dortigen IT-Verband, der National Association of Software and Services Companies (Nasscom) so etwas wie eine Palastrevolution ereignete. Als Teilnehmer der Nasscom-Jahreskonferenz und des «Indian Leadership Forums 2013« war ich Augen- und Ohrenzeuge, wie sich auf den Gängen im Kongresszentrum in Mumbai der Shitstorm gegen das Establishment formierte.

Indiens IT-Industrie steht heute für 100 Milliarden US-Dollar Jahresumsatz. In zwölf Jahren soll sich diese Zahl auf 225 Milliarden Dollar mehr als verdoppelt haben. Die Frage, die hier auf den Gängen in Mumbai diskutiert wurde, ist schlicht die: Ist eine Organisation wie ein Anbieterverband mit seiner hierarchischen Entscheidungsstruktur überhaupt noch relevant für eine agile Industrie, die aus Abertausenden von kleinen und mittelständischen Unternehmen gespeist wird? Die jungen Start-ups engagieren sich in Weblösungen, die eher Graswurzelbewegungen beflügeln, suchen schnell in-

38 Was geschieht in Berlin, wenn in Indien ein Sack Reis umfällt?

ternationalen Erfolg und pflegen mindestens so gute Kontakte ins Silicon Valley wie das Nasscom-Establishment. 30 dieser agilen Mitglieder haben sich jetzt in einer Alternativorganisation iSprit – Indian Software Product Industry Round Table – zusammengeschlossen. Sie bemängeln, dass Software-Produkte und Beratungsleistungen rund um Business Process Optimization zu kurz kommen. Der Nasscom, so klagen sie, wird weiterhin dominiert von den großen, auf Body-Leasing spezialisierten IT-Services-Companies. Der Schub aber zu einem 225-Milliarden-Dollar-Markt werde nicht durch die etablierten, sondern durch die agilen Companies geschaffen.

Zusätzlich wird der Nasscom durch – sagen wir mal: vordemokratische – Besonderheiten geprägt. Abgestimmt wird nach Umsatz-Gewichtung – also sozusagen in einem Dreiklassenwahlrecht. Und: Ausscheidende Präsidenten sitzen in einem Altvorderen-Beirat, über den sie erhebliches Beharrungsvermögen gegenüber dynamischen Entwicklungen zeitigen. Beides, so hat jetzt eine Kommission vorgeschlagen, gehört auf den Müllhaufen der Geschichte.

Im Bitkom, dem deutschen Pendant als IT-Interessensverband, hat jedes Mitglied unabhängig von seiner Größe eine Stimme. Dies mag die Global Player von Zeit zu Zeit frustrieren, weil sie sich einer Stimmenmehrheit gegenübersehen, die jedoch nicht zugleich die Umsatzmehrheit darstellt. Tatsächlich sichert dies aber, dass dynamische, agile Bewegungen von Start-ups schnell Gehör finden können. Damit ist das Bitkom-Präsidium stets gehalten, seine Politik an neuen Entwicklungen zu orientieren. Tut es das nicht, kann die agile Mittelstandsmehrheit seine Repräsentanten abstrafen.

Aber reicht das in einer sich immer mehr zu einer Graswurzel-Branche entwickelnden IT-Industrie? Nicht nur werden die Großen größer, die Kleinen werden auch immer mehr – und agiler. Vielleicht interessiert es in Berlin doch, wenn in Indien ein alter Sack Reis umfällt.

39 Er war noch niemals im Silicon Valley

Zwischen Deutschland und Kalifornien liegen neun Stunden Zeitunterschied. Zwischen Deutschland und dem Silicon Valley sind es noch einmal 18 Monate mehr – die Zeit, die nach Moores Gesetz verstreicht, um mit der jeweils nächsten Chipgeneration die Computerleistung zu verdoppeln. Diesen Zeitsprung konnte ich jetzt als einer von vier deutschen IT-Experten in Begleitung des Bundeswirtschaftsministers Philipp Rösler absolvieren.

Abgelegt am 11. Februar 2013

Es war gewiss nicht meine erste Reise in das Tal der aus Silizium gewonnenen Ideen – aber es war die erste Reise eines deutschen Bundeswirtschaftsministers in die Brutstätte des IT-Zeitalters. Und das, nachdem das Tal, das weltweit führende Computerkonzerne und jährlich eine Vielzahl von Neugründungen hervorbringt, bereits mehr als 60 Jahre internationale Erfolgsgeschichte schreibt. 20 deutsche Wirtschaftsminister haben das Epizentrum der Computerrevolution prominent ignoriert.

Allein zum Staunen hatten sich Philipp Rösler und seine Delegation nicht im kleinen Luftwaffen-Airbus 319 auf den 24-Stunden-Tripp nach San Francisco, Palo Alto, Cupertino und Mountain View begeben. Vielmehr ging es dem Wirtschaftsminister darum, Deutschland näher an den Ideen-Inkubator heranzubringen. Deshalb beteiligt sich die Bundesregierung am Aufbau des German Silicon Valley Accelerators, einem Wachstumslabor, das jährlich 16 Startups aus Deutschland nach Kalifornien bringen soll, um »Investoren zu finden und dort Fuß zu fassen.«

Aber wichtiger noch ist, dass es endlich gelingt, die Business-Stimmung aus dem Valley nach Good-Old-Germany zu bringen. Deshalb wirbt der Bundesminister auch an der Stanford-University für den Standort Deutschland und die Gründerszene hierzulande. Immerhin 9000 Startups gibt's pro Jahr in Deutschland – und 16 davon schicken wir künftig pro Jahr mit Hilfe des Accelerators ins Silicon Valley. Das sind nicht einmal zwei Promille! Na, wenn das mal kein Wettbewerbsdruck ist.

Aber wir haben ja zum Trost die SAP, jenes deutsche, nein europäische Vorzeigeunternehmen, das als einziges in die Königsklasse der IT-Adepten aufgestiegen ist. Und auch im SAP-Lab machte Philipp Rösler mit seiner Delegation Halt, um – wieder einmal – die Vorzüge der Inmemory-Datenbank Hana und die inzwischen radikal umgebauten Cloud-Strategien der Walldorfer zu hören. Es ist doch irgendwie bezeichnend, dass darin die OnDemand-Entwicklungen aus deutscher Feder ad Acta gelegt werden, während die Riege des aus dem Silicon Valley zugekauften Unternehmens Success Factor um Lars Dalgaard die künftige Marschroute bestimmt.

Aber es gibt keinen Grund, im Silicon Valley in Sack und Asche zu gehen. Wir haben ja den Maschinenbau und den Automobilbau, um den sich mit »Industrie 4.0« die deutsche ITK-Wirtschaft der Zukunft ranken wird. In der Tat wäre es aberwitzig, hierzulande in einen weiteren SmartPhone-Produzenten zu investieren oder ein Start-up mit der nächsten Suchmaschine zu gründen. (Es sei denn, wir machten das mit Hana...) Ein deutsches Apple, also zum Beispiel ein baden-württembergisches Äpple, wird seine Geschäftsidee nicht aus Nachahmerprodukten generieren, sondern aus der konsequenten Weiterentwicklung deutscher Ingenieurkunst. Das ist das Mantra der Röslerschen Wirtschaftsförderung: Deutschland, derzeit noch auf Platz sechs der weltweiten IT-Rangliste, soll bis zum Ende des Jahrzehnts »auf dem Treppchen stehen« – mindestens Platz drei also!

Was passierte sonst noch während des Kurztripp? Ach ja, Papst Benedikt schwinden die Kräfte. Am 28. Februar hat Deutschland ein weiteres internationales Schwergewicht verloren. War der Papst eigentlich schon im Silicon Valley?

40 Zink plus Vitamin C

Wer im Biologieunterricht aufgepasst (oder später die Gesundheitstipps in den Illustrierten verfolgt) hat, weiß, dass Zink wichtig fürs Wachstum ist. An rund 300 Stoffwechselfunktionen ist das Spurenelement beteiligt. Zink hat in Deutschland einen Namen – einen Familiennamen: Grillo. Es ist eines der Vorzeigeunternehmen des deutschen Mittelstands, familiengeführt, traditionsbewusst, sozial engagiert und dabei innovativ und wachstumsorientiert. Dass mit Ulrich Grillo jetzt wieder ein Vertreter eines Familienunternehmens den Bundesverband der Deutschen Industrie als Präsident anführt (wie zuvor bereits Jürgen Thumann), ist ein gutes Signal für die mittelständisch geprägte Unternehmerschaft. Wobei hiermit ausdrücklich kein nachträgliches Misstrauensvotum gegen den ehemaligen Hochtief-Vorstandsvorsitzenden Hans-Peter Keitel, der das Amt des BDI-Präsidenten seit 2008 innehatte, ausgesprochen sein soll.

Abgelegt am 4. Februar 2013

Hans-Peter Keitel, der nicht noch einmal für eine weitere Amtszeit kandidieren wollte, übergibt das Präsidentenamt nicht nur in einem Bundestagswahljahr an seinen 53jährigen Nachfolger, sondern auch in einer Zeit der großen, bevorstehenden Paradigmenwechsel. Die Energiewende beispielsweise ist beschlossene Sache – aber umgesetzt ist sie nicht einmal in Ansätzen. Die Haushaltskonsolidierung ist eine in Angriff genommene Aufgabe – aber die Anstrengungen bleiben im Dschungel von Euro-Rettung und Schuldenkrise stecken.

Dabei setzt Ulrich Grillo bei seinen Antrittsbesuchen – auch innerhalb der 38 zum BDI zusammengefassten Branchenverbänden – richtige Stichworte, wenn er das schöne Wort von der »Zukunft der Industrie« und der »Industrie der Zukunft« verwendet. Längst haben wir für den Werte- und Wirkungswandel in der Industrie das Anhängsel »4.0« gefunden, als handele es sich um ein irgendwie zusammengefasstes neues Release eines bewährten Produkts. Aber »Industrie 4.0« ereignet sich nicht irgendwann zu einem Stichtag mit Update-Funktion auf Knopfdruck, sondern entwickelt sich allmählich. Von innen heraus, nicht von oben herab.

Von innen heraus – das bedeutet zum Beispiel eine aus der Mischung aus Innovationskraft und Beharrungsvermögen heraus entstehende »zerstörerische Kreativität«, die –

es wurde mal wieder langsam Zeit, das in Erinnerung zu rufen – den Mittelstand im Schumpeterschen Sinne auszeichnet. Dieser Mechanismus braucht keine Effizienzrichtlinie der EU »von oben herab«, um Energiesparmaßnahmen einzuleiten. Da reicht, so sagte es Ulrich Grillo der FAZ, schon die gesunde Gewinnorientierung der Unternehmen.

»Industrie 4.0« wird sich in vielen Einzelschritten ereignen. Der neue Präsident hat dabei zu erkennen gegeben, wie sehr ihm bewusst ist, dass der Informationswirtschaft hier eine ganz entscheidende Rolle als Enabler und Querschnittstechnologie zukommt. Mehr Prozessorientierung, mehr Effizienzstreben, mehr Nachhaltigkeit und weiterhin hohe Innovationskraft bilden das Antriebssystem dorthin. Sie sind das Gerüst der Sozialen Marktwirtschaft, das mit Ulrich Grillo einen eloquenten, einen vertrauten und einen vertrauenswürdigen Repräsentanten hat.

Informationstechnik und Telekommunikation sind sozusagen »Zink plus Vitamin C«, das den Stoffwechselprozess in der Industrie befördert. Und wenn – wie beim werbewirksamen Nebenprodukt »Grillo-fit« – Zink mit Vitamin C gereicht wird, steht eine gesunde Wirtschaft ins Haus.

41 Da wo's was zu tun gibt

Abgelegt am 28. Januar 2013

Es hat noch nie so viel Spaß gemacht auf dem World Economic Forum in Davos. Die Stimmung ist so euphorisch, als hätte es nie eine Krise gegeben. Oder besser noch: als wäre die Krise längst Vergangenheit und eine neue nicht in Sicht.

Die Helden werden gefeiert – allen voran die beiden »Super-Marios«, Mario Draghi und Mario Monti, die – so will es fast scheinen – nahezu im Alleingang die Schulden- und Eurokrise niedergerungen haben. Andere feiern sich selbst – wie zum Beispiel Philip Rösler, der mit der »Power of Ten Percent« Hof hält. Oder wie Bill McDermott, der Co-CEO der SAP, der der deutschen Ausgabe des Wall Street Journals die magische Zahl von 22 Milliarden Euro Umsatz nennt. So viel sollen 2015 in die Kassen des Walldorfer Softwareriesen fließen. Dank Hana und der rejustierten Cloud-Strategie wachse SAP derzeit doppelt so schnell wie Erzrivale Oracle. Und viermal so schnell wie die ganze IT-Branche in Europa.

Das aber soll sich ändern. Zu diesem Zweck hat die für »digitale Fragen« zuständige EU-Kommissarin Neelie Kroes das Davoser Gipfeltreffen zur Ankündigung einer europäischen Initiative zur Stärkung **der** IT-Industrie in Europa genutzt. Mehr **digitale** Arbeitsplätze, mehr IT-Kompetenz und nicht zuletzt mehr Gründer-Geist soll die Informationswirtschaft auf dem Alten Kontinent schneller voranbringen. Im Idealfall soll Europas IT-Sektor wieder im Gleichschritt wachsen mit SAP – aber das sagt Neelie Kroes natürlich so nicht.

Dabei können sich auch die jetzigen Zuwachsraten durchaus sehen lassen: Um jährlich drei Prozent nahm die Zahl der digitalen Arbeitsplätze in Europa zu – auch während der Krise. Aber deutlich schneller wachsen als bisher dürfte die »EU-IT« schon allein, wenn das brachliegende Potential genutzt würde. Nach Angaben der EU-Kommissarin bleiben derzeit bis zu 700.000 Arbeitsplätze in der Informationswirtschaft und Telekommunikation unbesetzt. Berücksichtigt man allein durchschnittliche Umsatzerlöse pro Arbeitsplatz, würde dies einer Wertschöpfung von 100 Milliarden Euro entsprechen.

Allerdings besteht weder kurz- noch mittelfristig eine Aussicht darauf, diese Arbeitsplatzlücken auszufüllen. Im Gegenteil: Die Zahl der Jugendlichen, die eine Ausbildung in digitalen Berufen anstreben, ist rückläufig. Wenn nichts geschieht, bewegt sich Europa von seinen Chancen weg.

Deshalb will Neelie Kroes auf allen Ebenen zusammen mit Industrie und Bildungseinrichtungen aktiv werden: mehr Ausbildungsplätze, mehr Praktika, mehr Informatikkurse, mehr berufsbegleitende Weiterbildung, mehr Online-Hochschulkurse, mehr Mobilität und nicht zuletzt mehr Unterstützung für Firmengründer. Als Währung für mehr Bildung und Initiative sieht die EU-Kommissarin Bildungschecks wie sie in Deutschland und vor allem in Spanien schon erfolgreich eingeführt wurden. Rund 20000 Teilnehmer hatten sich mit Hilfe solcher Bildungsgutscheine weiter qualifiziert – und für zwei Drittel von Ihnen sprang am Ende sogar ein Arbeitsplatz heraus.

Dieser Coupon-Coup soll jetzt europaweit lanciert werden. Weitere Ideen und vor allem konkrete Handlungsvorschläge sind willkommen. Darüber soll parallel zur CeBIT in Hannover am 4. **und** 5. März diskutiert werden. Mitmachen kann jeder. Und angesichts eines kurzfristigen Bedarfs von 700.000 Arbeitsplätzen muss auch jeder mitmachen. Es gibt was zu tun – nicht nur in Davos, sondern da wo´s klemmt.

42 Mehr Mittel im Mittelstand

Die deutschlandweiten Mittelstands-Indizes weisen alle in eine Richtung – leicht nach oben. Und das Signal stimmt eindeutig positiv: Der Mittelstand wird im ersten Quartal 2013 und voraussichtlich auch danach; mehr Mittel für Informationstechnik und Telekommunikation bereitstellen. So prognostiziert der IT-Mittelstandsindex von techconsult, dass die IT-Investitionserwartungen für die nächsten drei Monate so hoch sind wie zuletzt 2011. Dabei besteht ein direkter Umsatz mit dem im Mittelstand erzielten Umsatz: Weil die kleinen und mittleren Unternehmen mit guten Umsatzergebnissen aus dem Jahr 2012 gekommen sind, starten sie jetzt mit offenen Taschen ins Jahr 2013.

Abgelegt am 21. Januar 2013

Der positive Trend wird im nunmehr rot-grünen Hannover spätestens zur CeBIT sichtbar: Denn unter dem Motto Shareconomy werden dort jene Hightech-Produkte präsentiert, von denen sich der Mittelstand besondere Impulse für das Wachstum der kommenden Zeit verspricht. Völlig überraschend steht nach einer Bitkom-Umfrage erstmals »Big Data« in die Spitzengruppe auf der Einkaufsliste des Mittelstands. Lange Zeit haben sich die kleinen und mittleren Unternehmenslenker auf ihr Bauchgefühl verlassen, wenn es darum ging, die aktuelle Situation in der Firma und im Markt zu analysieren. Nach den zurückliegenden Krisenjahren hat der Mittelstand aber offensichtlich erkannt, dass sie ohne Business Analytics leichter den Überblick verlieren. Und in der Tat: Auch Business Intelligence steht ganz oben auf dem Wunschzettel.

Während der Mittelstand bei BI und Big Data dem klassischen Vorurteil entspricht, wonach kleine und mittlere Unternehmen erst einmal ein halbes Jahrzehnt abwarten, ob ein Technologietrend tatsächlich den verheißenen Nutzen bringt, haben Mobilitätsthemen sofort ihre Akzeptanz gefunden. »Bring your own Device« und mobile Anwendungen sind heiße Investitionsthemen für den Mittelstand. Interessant ist auch, dass dabei die Wahlfreiheit zwischen Services aus der Cloud und Softwarelösungen vom eigenen Server erhalten bleiben soll. Damit wird deutlich, die Ressentiments gegenüber der Cloud klingen allmählich ab und weichen einem mittelstandsüblichen Pragmatismus. Cloud und Hybrid soll in diesem Jahr bei drei von vier Investitionsentscheidungen in Frage kommen.

Dabei, so meint Bitkom-Präsident Prof. Dieter Kempf jetzt gegenüber der Wirtschaftswoche, kann die positive Investitionsneigung in Deutschland zu neuem Schwung auch innerhalb von Europa führen. Gerade das hierzulande besonders gut ausgeprägte Bewusstsein für IT-Sicherheit und Datenschutz sei eine der Stärken. Es sei an der Zeit, hier europaweit zu einem gemeinsamen Verständnis und damit auch zu einem einheitlichen Regelwerk zu gelangen, das nicht zuletzt auch die Position gegenüber den USA stärken könnte.

IT-Sicherheit gehört laut Kempf zu einen der Eckpfeiler in der Vision von der »Industrie 4.0«, die eine Vielzahl europäischer Tugenden zusammenfasst: Prozessoptimierung, mobiles Internet und Internet der Dinge und nicht zuletzt die Innovationsbereitschaft im Mittelstand. Um dies weiter zu stärken, fordert Kempf bessere Finanzierungsmöglichkeiten für kleine und mittlere Unternehmen und mehr Planungssicherheit für Firmengründer. Doch möglicherweise wird in der zweiten Hälfte des laufenden Jahres ein weiterer Trend die Kräfteverhältnisse und Investitionsneigungen noch einmal deutlich durcheinander wirbeln. Dann erwarten Auguren nämlich eine Belebung der Investitionstätigkeit in den USA. Und dann werden noch mehr Mittel frei – auch im Mittelstand.

43 Controlling ist gut, Vertrauen auch

Abgelegt am 14. Januar 2013

Aus dem Markt für ERP-Systeme (Enterprise Resource Planning) ist die Luft raus – das zumindest ist die gängige Meinung von Marktbeobachtern. Bei den klassischen Aufgaben – Einkauf, Produktion, Verkauf – sehen in der Tat nur wenige der Analysten heute noch Optimierungspotenziale. Denn wir haben doch schon alles gehabt: Computer Integrated Manufacturing für die Prozessoptimierung in der Fertigung, eProcurement für die Verzahnung von Angebot und Nachfrage im Einkauf, und natürlich Sales Force Automation und Customer Relationship Management für die Unterstützung im Verkauf.

In der Tat: Die Kernprozesse im deutschen produzierenden Mittelstand sind bereits so durchorganisiert, dass hier kaum noch nennenswerte Verbesserungen erwartet werden. Nur 42 Prozent der von der GUS Group zusammen mit euromarcom befragten mittelständischen Manager erwarten beispielsweise noch Kapazitätseinsparungen, die durch den ERP-Einsatz erreicht werden können.

Dafür aber rechnen vier von fünf Befragten damit, dass ERP-Systeme die Unternehmensprozesse insgesamt effizienter gestalten helfen und beschleunigen.

Bereits an Platz zwei ist die Erwartung anzutreffen, dass der ERP-Einsatz zu einer Verbesserung des Reportings führt.

Kein Wunder also, dass neun von zehn Befragten deshalb heute das Controlling als den wichtigsten Einzelbereich einer ERP-Suite ansehen – dicht gefolgt von Analysefunktionen zur Auswertung von Key Performance Indikatoren.

Damit hat sich der strategische Schwerpunkt heutiger Unternehmenslösungen deutlich verlagert: Während noch in den letzten Jahren vor der Jahrtausendwende vor allem die Geschäftsprozesse in der Produktion und Distribution im Zentrum der Aufmerksamkeit liegt, scheinen die Hausaufgaben rund um den Materialfluss inzwischen erledigt zu sein.

Jetzt geht es darum, die Informations- und vor allem Wertflüsse im Unternehmen besser unter die Lupe zu nehmen.

Die Ressourcen, die heute geplant und optimiert sind, sind Zeit und Geld – so banal das auch klingen mag

Tatsächlich sind mit diesem Wertewandel allerdings alles andere als banale Herausforderungen für ERP-Anbieter und Berater verbunden.

Die Zahlen, die heute zur Analyse der aktuellen Unternehmenssituation herangezogen werden sollen, werden aus den ERP-Lösungen oftmals gar nicht bereitgestellt.

Nur ERP-Suiten mit integriertem Finance und Controlling, mit Werkzeugen für Business Analytics sowie zur Planung und Simulation künftiger Produkt- und Marktstrategien können den aktuellen Anforderungen tatsächlich genügen.

In seiner Erwartungshaltung ist der Mittelstand längst so anspruchsvoll wie globale Konzerne, die ganze Stäbe für Planung und Analyse einsetzen.

Der Mittelstand freilich ersetzt Stabfunktionen in der Regel durch Flexibilität – und die muss auch das ERP-System leisten. Workflow-Engines, die im Kern die Prozesse des Unternehmens steuern, geben einerseits Sicherheit, dürfen andererseits aber den stetigen Veränderungsprozess nicht beeinträchtigen.

Hard codierte Prozessschritte erweisen sich da schnell als Mühlstein am Hals des Mittelstands.

Dessen Erwartungen sind freilich hoch: Knapp 60 Prozent der Befragten Mittelständler – in der Regel aus Unternehmen bis 1000 Mitarbeitern – sind mit ihrem ERP-System nicht und nur wenig zufrieden.

Lediglich vier Prozent konnten sich vorstellen, die Geschäftsprozesse so zu ändern, dass sie zum Standardablauf des eingesetzten ERP-Systems passen.

Dagegen erwägen zwei Fünftel der Befragten, in naher Zukunft ein neues ERP-System einzuführen. Mehr als die Hälfte der Unzufriedenen ziehen dabei einen Anbieterwechsel in Betracht.

Das Anforderungsprofil für den neuen ERP-Anbieter ist dabei klar: aufbauend auf den klassischen Prozessen zum Materialfluss müssen sie vor allem in den werteorientierten

Disziplinen brillieren: Rechnungswesen, Business Analytics, Controlling.

Hier setzen die Anbieter auch auf Vertrauen und den direkten Draht zum Lieferanten. Drei Viertel der mittelständischen Manager wollen alles aus einer Hand: Betreuung, Bedarfsermittlung und Implementierung durch den Softwarehersteller. Lediglich ein Viertel will zur Kontrolle noch einen externen Berater einsetzen.

ERP ist eine Frage des Vertrauens – aber mit Controlling.

44 CESons Greetings

Abgelegt am 7. Januar 2013

Der außerordentlich milde Winter in Europa vergällt einem einen der schönsten Gründe, zur Consumer Electronics Show nach Las Vegas zu fahren: Wenn in Deutschland hier und da die Biergärten geöffnet haben, gibt es kaum noch einen nennenswerten Temperaturunterschied zum Wüstenklima in Nevada.

Aber es gibt ja noch einen zweiten Grund, warum Technikfreaks die CES im Januar nicht auslassen sollten. Dank der unübersehbaren Abwesenheit von Apple und Microsoft kann man sich mal auf die schönen Nebensächlichkeiten der elektronisierten Welt stürzen: Hausgeräte, HiFi, TV, Autos, Kameras.

Ja, natürlich auch Smartphones und Tablets unter Android – zum Beispiel von Samsung oder Sony. Aber darüber zu schreiben, macht erst nach den nächsten Announcements von Apple und Microsoft wieder Spaß.

Es ist ja nun ein schöner Gemeinplatz, wenn man feststellt, dass nahezu alles, was der Mensch heutzutage herstellt, durch Elektronik zusätzliche Funktionen erhält – und damit auch für kurze Zeit einen Wettbewerbsvorteil. Aber wenn eines auf diesen 33 Fußballfeldern deutlich wird, die die diesjährige CES umfasst, dann ist es die unglaubliche Diversität, die Consumer Electronics inzwischen darstellen – Elektronik ist immer und überall. Noch das geschmackloseste Kuscheltier hat irgendwo Intel Inside – oder einen anderen Chiphersteller.

Aber es gibt Gemeinsamkeiten – sozusagen einen globalen Trend: Keine Elektronik ohne die drei großen C: Content, Connectivity, Community. Es scheint, als wollten die CES-Aussteller beweisen, dass der neue IPv6-Standard für $3,4 \cdot 10^{38}$ Adressen möglichst bald ausgeschöpft werden sollte. Doch keine Sorge: Der Adressraum ist groß genug, um jeden Quadratmillimeter der Erdoberfläche mit 665 Billiarden IP-Adressen zu versehen. Diese Dichte wird auf dieser CES doch noch bei weitem verfehlt.

Dennoch zeigt sich, dass die wichtigsten Zusatzfunktionen inzwischen aus der Cloud kommen. Kameras mit Geodaten, TVs mit Web- und Touchzugang, und sensorbeladene

Fahrzeuge – sie alle erhalten zusätzliche Lebensfunktionen durch die Interaktion mit der Webgemeinde und die Kommunikation mit Info-Plattformen. Nichts, was nicht binnen Sekundenbruchteilen der ganzen Welt bekanntgegeben werden könnte.

Und irgendwie hat man ja drauf gewartet: Das einzige, was Tablets bisher nicht konnten war – völlig überraschend – Telefonieren! Mit den Phablets (Phone and Tablet) ist dieser Gebutsfehler nun endlich behoben. Gleichzeitig zeigt sich aber auch der gegenläufige Trend: Wenn Tablets alles können, warum dann nicht ein Mobile Phone bauen, das nichts anderes kann als genau das: Telefonieren.

Ähnlich verläuft die Konversion zwischen TV und PC – und damit der Stellungskrieg zwischen Wohnzimmer und Arbeitszimmer. Ob Set-Top-Boxen den Fernseher cloudfähig machen oder ultrahochauflösende Bildschirme den PC fernsehbrillant ist noch lange nicht entschieden. Da werden noch einige CESons ins Land gehen, ehe dieser Krieg der Konzepte entschieden ist.

Inzwischen freuen wir uns an niedlichen Displays, die man biegen kann ohne sie zu brechen. Rollen freilich kann man die weichen Screens noch nicht, falten schon gar nicht. Aber es ist immerhin ein Anfang.

Schöne Wintergrüße von der CES wünscht Heinz-Paul Bonn – CESons Greetings

45 Mehr eChristmas

Es gab eine Zeit, in der wurde der eCommerce verlacht, weil seine Umsatzzahlen zwar prozentual massiv stiegen, aber real nicht die Bedeutung erreichten, die ihnen selbsternannte Auguren vorhergesagt hatten. Nicht die Analysten kamen ins Gerede, sondern der Handel über das Internet, dem mehr zugetraut worden war, als er tatsächlich zu leisten vermochte. Das war das Ende der Dot.Com-Blase.

Abgelegt am 24. Dezember 2012

Heute zeigt sich, dass dem mCommerce das gleiche Schicksal drohen könnte, denn die Vorhersagen für den mobilen Commerce sind wieder einmal überbordend. Allerdings gibt es diesmal einen entscheidenden Unterschied. Das Handelsgeschäft, das über mobile Endgeräte im Internet initiiert wird, ist offensichtlich tatsächlich sehr viel kraftstrotzender, als es vor einem Jahrzehnt der schwächliche eCommerce war. Nur – das hatte damals keiner der Analysten vorhergesagt.

Ein Grund für die seinerzeitige Ent-Haltung gegenüber dem Internet-Handel dürfte in der Haltung liegen, die der Internet-Käufer einzunehmen hatte. Vor zehn Jahren nämlich saß er am PC, also am Schreibtisch oder in einer Wohnnische und klickte sich durch die Shop-Angebote. Heute hingegen sitzt (oder liegt?) er entspannt auf der Couch mit dem Smartphone oder Tablet in der Hand und lässt sich von seiner Lieblings-App Kaufvorschläge anhand seiner Vorlieben, seinem Kaufverhalten und den Wunschlisten seiner Freunde vorlegen. Das ist nicht nur einfacher, sondern auch entspannter.

Tatsächlich beschäftigen sich Psychologen, die schon seit Jahrzehnten jeden Winkel der Ladenfläche verkaufsfördernd ausleuchten und beschallen lassen, nun mit der Kaufhaltung ihrer Couch-Kunden. Die, so ließ Google jetzt in einer Befragung ermitteln, treffen nämlich Kaufentscheidungen deutlich spontaner – also aus dem Touch-Impuls – heraus, wenn sie die Ware in einer komfortablen App quasi »auf dem Tablett« präsentiert erhalten. Und in der Tat: Drei Viertel der Tablet-Benutzer verwenden ihren Flachmann zum Einkaufen. Und Branchen-Insider schätzen sogar, dass praktisch die Hälfte aller mobilen Bestellungen von einem iPad abgesendet wurden.

Und so wird der mobile Commerce – oder Couch-Commerce, was allerdings eher immobil wäre – zur sich selbst verstärkenden Welle. Denn Smartphones und Tablets gehören zu den zwei großen Rennern im diesjährigen Weihnachtsgeschenk. Wenn dann diese Präsente ausgepackt und eingeschaltet werden, werden ja auch sie zum Einkaufen von der Couch aus verwendet.

Einen ersten Hinweis auf diesen sich selbst verstärkenden Effekt könnten die angehobenen Prognosen geben. Der Bundesverband des Deutschen Versandhandels hat seine Umsatzerwartung von 5,5 Milliarden Euro auf 5,6 Milliarden Euro erhöht – und das wäre immerhin ein Anstieg um 27 Prozent gegenüber dem Vorjahr. Und das, obwohl die Eurokrise und die Sorge vor einem Wirtschaftsabschwung die Kauflust nicht gerade beförderten. Doch immerhin: für November und Dezember rechnet der Hauptverband des Deutschen Einzelhandels mit einem Umsatz von 80,4 Milliarden Euro – das wäre immerhin ein Plus von 1,5 Prozent gegenüber dem Vorjahr.

Wie hoch der Anteil des Couch-Commerce dann tatsächlich sein wird, dürften erst die Post-Christmas-Shopping-Tage zeigen, wenn die neuen Smartphones und Tablets ausprobiert werden und das Umtauschgeschäft beginnt – für alle anderen Geschenke natürlich nur. Auch hier stehtübrigens der eCommerce hilfreich zur Seite: Vier Millionen Deutsche planen nach einer Umfrage des BITKOM; nach Weihnachten Geschenke auf Tauschbörsen weiterzuvertickern.

Frohe Weihnachten wünscht

Heinz-Paul Bonn

46 Mehr Leitung, weniger Leute

Abgelegt am 17. Dezember 2012

Eigentlich ist es kaum zu fassen: Deutschland ist einer der größten Telekommunikationsmärkte der Welt – und der Platzhirsch im Lande kämpft mit sinkenden Umsätzen. Doch heftiger Preiskampf im eigenen Land, schwieriger Zugang zu Wachstumsmärkten in Schwellenländern, das (vorerst) ohneiPhone-Spritze lahmende Geschäft im weltgrößten Telekommunikationsmarkt USA und schließlich ein überdurchschnittlich hoher Personalkostensockel machen es der Deutschen Telekom so richtig schwer durchzustarten.

Das soll jetzt anders werden: Rund 30 Milliarden Euro will der Konzern in den kommenden drei Jahren in den Ausbau der Infrastruktur stecken – und damit neue Umsatzquellen und Wettbewerbsvorteile erlangen. Dazu gehört der Ausbau des schnellen VDSL-Netzes. Zudem soll die Vectoring-Technologie, die eine Erhöhung des Durchsatzes auf 100 Megabit pro Sekunde erlaubt, forciert werden. Dann, so hofft Telekom-Chef René Obermann, sei der Tempo-Rückstand gegenüber den Kabelanbietern ausgeglichen. 24 Millionen Haushalte sollen in den Genuss des Turbo-Internets gelangen.

Auch mobil soll mit der Verbreitung der LTE-Technik kräftig zugelegt werden: 85 Prozent der Smartphone-Benutzer – also praktisch der deutschen Bevölkerung – sollen bis 2016 in den Genuss der Long Term Evolution gelangen. Dann sind 300 Megabit pro Sekunde keine Utopie mehr. Wie ernst es die Telekom mit diesen Investitionen meint, beweist die Tatsache, dass die liebgewordene 70-Cent-Dividende auf einen halben Euro gekappt wurde, um so die nötige Liquidität zu behalten.Allerdings: Auch Vodafone und O2 (Telefonica) investieren hier.

Der Unterstützung der Regierungsbehörden und Wirtschaftsverbände dürfte sich René Obermann indes sicher sein. Denn der flächendeckende Ausbau des Internets ist das Kernstück der vierten industriellen Revolution, auf die sich der siebte deutsche IT-Gipfel im November eingeschworen hat. Deutschland soll die modernste Web-Infrastruktur der Welt erhalten und mehr und mehr Kooperation und Kollaboration über das Internet erlauben.

Aber nicht nur die Zusammenarbeit zwischen Unternehmen und Organisationen soll durch die höheren Bandbreiten beflügelt werden. Vor allem der unablässige Austausch von Daten und Datenpaketen zwischen Maschinen wird die »Industrie 4.0« beflügeln. Zwar rechnet man insgesamt mit einem Investitionsvolumen von 130 Milliarden Euro, ehe die vierte Generation flügge geworden sein wird. Aber eine Fraunhofer Studie im Auftrag des Branchenverbands BITKOM hat schon jetzt errechnet, dass sich allein in der Aufbauphase schon gesamtwirtschaftliche Effekte von rund 330 Milliarden Euro ergeben. Verbesserte Prozesse in der Supply Chain, die Vermeidung von Doppeluntersuchungen im Gesundheitswesen, weniger Staus im Personal- und Güterverkehr und eine Verringerung beim Stromverbrauch sind die Effekte, die dieses Einsparungspotenzial bringen.

Doch auch wenn die vierte industrielle Revolution neue Umsätze in die Kassen der Deutschen Telekom spülen wird – mehr Leitung allein reicht nicht beim Streben nach mehr Profit. In den letzten fünf Jahren hat der Konzern bereits 20.000 Stellen abgebaut – auf 121.000 Mitarbeiter. Gerüchte, dass weitere 12.000 Arbeitsplätze zur Disposition stehen, seien »völliger Unsinn«, heißt es aus Firmenkreisen. Die Erfahrung zeigt allerdings, dass sich die dialektische Abwärtsspirale von »abstrus« über »durchaus möglich« bis zur vollendeten Tatsache schnell drehen kann. Mehr Leitung, weniger Leute – auch das ist eine Konsequenz aus »Industrie 4.0«

47 Teilen und mitteilen

Ostern ist ja bekanntlich am ersten Sonntag nach dem ersten Frühjahrsvollmond. So verlangt es die neutestamentarische Überlieferung. Weniger bekannt ist, dass das Centrum für Büroautomation, Informationstechnologie und Telekommunikation – das CeBIT in Hannover - jeweils ungefähr drei Wochen vor diesem astronomischen Ereignis angesetzt wird. Die Sterndeuter aus dem Messeturm in Hannover haben deshalb für das kommende Jahr den Messebeginn ebenfalls früh gelegt: ab dem 5. März teilen die geschätzten 4200 Aussteller wieder ihre Errungenschaften mit erwarteten mehr als 300.000 Besuchern.

Abgelegt am 10. Dezember 2012

Aber ist die CeBIT überhaupt noch zeitgemäß? Ist ein fester Messeplatz in einer zunehmend virtuell gut eingerichteten Welt noch lebensnah? Ist eine Computerschau mit Ausstellungsständen und Reklameaufwand in der Zeit der Social Media und des Cloud Computings nicht ein Anachronismus?

Man könnte meinen, dass die CeBIT von jenen Kopfgeburten, die sie selbst hervorgebracht hat, allmählich aufgefressen wird: OnDemand-Computing, Virtualisierung, Web-Communities – dies alles sind immerhin technische und gesellschaftliche Erscheinungen, die auf der CeBIT selbst erst das Licht der Vermarktungswelt erblickt haben. Doch jetzt ist die Messe gelesen...

Einspruch, Euer Ehren! Das Erfolgsgeheimnis der CeBIT war immer eine Atmosphäre des Teilens und Mitteilens. Längst sind die Marketiers, sind die Entwickler mit den Vorbereitungen für ihre Messebotschaften und Präsentationen befasst. Die CeBIT ist ein Kulminationspunkt für Entwicklungsleistungen. Es mag absurd klingen: Aber die Dinge werden fertig weil die Messe droht. Das Ereignis in Hannover ist insofern ein wesentlicher und globaler Synchronisationspunkt. Am 5. März sind wir fertig – komme, was da wolle.

Und die CeBIT ist und bleibt ein Gegenentwurf zur Beiläufigkeit der im Vorbeigehen über die sozialen Medien verbreiteten Botschaften. Was dort en passant, so im Vorbeigehen, gebloggt und gepostet wird, ist eine Botschaft aus dem Handgelenk. Die Botschaften, die wir auf der CeBIT teilen und mitteilen, sind hingegen Marksteine. Sie setzen die Orientierungspunkte für die IT-Konjunktur.

Und die boomt unverändert und braucht für das kommende Jahr die CeBIT als Medium der Selbstmotivation. Denn IT geht eigentlich immer. In der Krise müssen wir investieren, um uns auf raue Zeiten einzustellen. Im Boom können wir investieren, weil wir uns auf das Wachstum einstellen müssen. 71 Prozent der vom Bitkom befragten IT- und TK-Unternehmer sehen folglich keinen nennenswerten Konjunktureinbruch im kommenden Jahr. Sie erwarten im Gegenteil mehr Umsatz als im laufenden Jahr, das mit einem Umsatzplus von 2,8 Prozent deutlich über den Erwartungen – auch des Bitkom – lag. Zwar wird die 2-Prozent-Hürde im kommenden Jahr eher nicht übersprungen – aber ein satter Zuwachs auf neue Bestmarken ist doch drin.

Denn die teilende Gesellschaft, die nicht nur neue Geschäftsmodelle für die gemeinsame Nutzung von Fahrzeugen findet, sondern auch nach neuen, besseren Methoden, um Wissen zu teilen und Arbeitsprozesse auf viele auszudehnen, findet auf der CeBIT ihr prägendes Motto: Shareconomy – teilhabende, mitteilende Wirtschaft.

Das ist nicht das Motto einer Technologie, nicht einer neuen Disziplin, sondern eines gesellschaftlichen Wandels, der sich derzeit vollzieht und dem die CeBIT einen Namen gegeben hat. Nach einer IBM-Studie unter 1700 CIOs weltweit sind Partizipation, Vernetzung und Meinungsfreude die neuen Währungen der IT-Strategen. Für sie sind Soziale Netzwerke, offene Firmenkultur, Partnerschaft weniger eine Technikleistung als vielmehr eine Geisteshaltung. Ihre technische Basis hingegen – zum Beispiel Cloud Computing, Big Data, Business Process Optimization und Knowledge Management – sind die Exponate auf der CeBIT 2013.

Shareconomy – die Wirtschaft, die teilen und mitteilen lernt, ist eine Basisströmung für die kommenden Jahre. Und wer hat´s erfunden? Die Hannoveraner!

48 In Dubai dabei

Abgelegt am 3. Dezember 2012

»Freiheit ist immer die Freiheit der Andersdenkenden«, formulierte Rosa Luxemburg in ihrer posthum erschienenen kritischen Würdigung der russischen Revolution. Und der Satz, der dieser steilen Sentenz vorweg gesetzt ist, klingt wie ein aktueller Kommentar zur World Conference on International Telecommunications: »Freiheit nur für die Anhänger der Regierung, nur für Mitglieder einer Partei – mögen sie noch so zahlreich sein – ist keine Freiheit«. Als wäre der Satz der neuen chinesischen Führung ins Stammbuch geschrieben, warnt er scheinbar vor jeder Einflussnahme im Internet. Ein offenes, ein transparentes Internet wollen wir – aber will es auch die International Telecommunication Union, einer Unterorganisation von rund 190 Ländern der Welt und zusätzlichen Unternehmen und Forschungseinrichtungen.

Mehr Transparenz gibt es auf der heute in Dubai beginnenden zehntägigen Konferenz wohl nicht. Trotz der Bemühungen von WCITLeaks und anderen Transparency-Plattformen bleibt weitgehend undurchsichtig, was die Konferenz zur Frage der künftigen Internet-Regulierung beschließen will. Was heraussickert, lässt uns gespannt in Dubai dabei sein: Nicht weniger als die direkte Einflussnahme auf Internet-Angebote, auf das, was Websurfer in ihrem Land sehen und nicht sehen dürfen, steht zur Diskussion. Dabei wäre das noch nicht einmal das schlimmste Szenario: Sollten beispielsweise Telekommunikations-Betreiber mehr Einfluss auf die Ausgestaltung der von ihnen bereitgestellten Webzugänge haben, könnte jeder Provider das über ihn zugängliche Angebot steuern.

Es wäre ungefähr so, als würde Google allein durch seinen geheimen Suchalgorithmus das eine Webangebot promoten und das andere behindern. Aber, hoppla: So ist es ja im tatsächlichen Leben.

Tatsächlich aber ist nicht zu befürchten, dass sich die 190 Länder wirklich auf eine fundamental andere Regulierung des Internet-Datenverkehrs einigen werden. Zwar wollen fast alle Länder einen neuen Vertrag, der das Tor zu einer stärkeren Einflussnahme durch Staaten, Behörden und Unternehmen weit aufstößt. Aber weder die USA, noch die Europäische Union wollen ernsthaft Änderungen am Status Quo. Die Möglichkeit einer stärkeren Einflussnahme durch Staaten oder lokale und globale Provider mag zwar diskutiert werden, dürfte aber kaum konsensfähig sein.

Natürlich ist es eine Überlegung wert, dass diejenigen Unternehmen, die die Infrastruktur als Investition bereitstellen, jenen eine stärkere Kostenbeteiligung aufbrummen wollen, die über zusätzlichen Content als erste von größeren Bandbreiten profitieren – die sozialen Medien beispielsweise, oder die Streaming Media-Anbieter. Sie benutzen die Datenautobahn für ihre Geschäftsmodelle, ohne sich am Ausbau des Datennetzes zu beteiligen. Aber brauchen wir dafür eine Konferenz einer UNO-Unterorganisation. Das müssten doch auch die Marktkräfte regeln können...

Dubai wird möglicherweise eine ganz andere Frage aufwerfen: Ist das Internet überhaupt noch regulierbar – von regierbar ganz zu schweigen? Wir haben neue Sozialisierungsmethoden erfunden wie Graswurzel- oder virales Marketing. Communities führen zu neuen Erscheinungen (und übrigens auch Wortschöpfungen) wie Flash Mobs oder Shit Storms. Wie würde denn ein Shit Storm aussehen, der über die westliche Welt hinwegfegen würde, die einer stärkeren Einflussnahme auf das Internet die Ports öffnete? Die Freiheit im Internet ist doch immer auch die Freiheit der Andersdenkenden, wäre wohl tatsächlich der gemeinsame Konsens.

Es mag vielleicht etwas rosarot klingen – aber alles in allem überwacht das Internet sich doch ganz gut selbst. Der Aufruhr gegen Googles oder sonst wessen Vorstöße auf eine stärkere Beeinflussung des Webs beweist doch eher, wie alert, wie wach die Web-Community hierzulande ist. Das ist ein Standortvorteil, den man nicht unterschätzen sollte. Es kommt ja nicht von Ungefähr, dass Deutschland unter Chinas Jugend einen hervorragenden Ruf hat. Wer hätte das gedacht: Basisdemokratie und Bürgerprotest als Exportprodukt.

Da fällt mir noch eine (etwas angestaubte) jüdische Anekdote ein: Jossele ruft aus den USA bei seinem Bruder in Russland an und fragt, wie es den Kindern geht. »No«, sagt Bruder Ephraim, »Rachel ist in Bulgarien und führt den Sozialismus ein, Nathan ist in Polen und führt den Sozialismus ein und Benjamin ist nach Israel ausgewandert.« – »Und«, fragt Jossele, »führt er da auch den Sozialismus ein?« – »Bist du verrückt, doch nicht bei unseren eigenen Leuten!«

Eben. Machen wir uns mal wegen Dubai keine Sorgen. Oder?

49 Ein Zehnkämpfer der Logistik

Am Donnerstag ist Prof. Dr. Michael ten Hompel nun offiziell in die Hall of Fame der Logistik (http://www.logistikhalloffame.de/) aufgenommen worden. Zwar regnete es in Strömen, aber der Laureat, strahlte dafür umso mehr.

Abgelegt am 30. November 2012

Ich erinnere mich an ein Bon-mot, das Professor ten Hompel angesichts eines geschätzten Kollegen aus der Fraunhofer-Gesellschaft brachte, wonach er zwar nicht – wie der werte Kollege – ein »Dr. hc. mult.« vor dem Namen führe; aber »Dr. ten« sei ja auch schon was...

Aber in der Tat sind es viele Disziplinen, in denen Professor Dr. Michael ten Hompel reüssiert. Es ist insofern nur konsequent, dass er nun in die Logistic Hall of Fame aufgenommen wurde. Denn neben seiner Professur und der Leitung des Fraunhofer Instituts für Materialfluss und Logistik steht der Name ten Hompel für:

...eine erkenntnisreiche Studie zum Thema eLogistik, die zwar in den Zeiten der Dot.Com-Euphorie Anfang des Jahrtausends entstand, aber weitgehend von Wolkenkuckucksheimen befreit blieb. Vielmehr diente die eLogistics 2.0 zur Versachlichung der Debatte.

...die breite Akzeptanz der RFID-Technologie. Er hat früh das Potenzial erkannt, das in der Auto-ID-Technologie steckt. Und mit eigenen Projekten hat er dafür gesorgt, dass diese Technik im Mittelstand ankommt.

...den Tower24. Als Lösung für die »letzte Meile« konzipiert, ist der Prototyp eines vollautomatischen Paketschalters ein Meilenstein der eLogistic – auch wenn ihm der kommerzielle Erfolg in Konkurrenz zur PackStation nicht beschieden war.

...die Idee der Logistics-Mall. Schon Ende der neunziger Jahre entwarf er die Vision einer Internet-Plattform, über die logistische Dienstleistungen angeboten und abgewickelt werden können. Cloud Computing, bevor es den Begriff gab.

...Auswahlberatung zur Logistik-Software. Auch dies ist eine Web-Plattform, über die Softwarelösungen verglichen und ausgewählt werden können.

...das Internet der Dinge. Die Vorstellung, dass künftig nicht nur Menschen im Internet surfen, sondern auch Maschinen und Waren hat er zu einem ganzheitlichen Konzept erweitert, dessen Realisierung wir gegenwärtig erleben.

...die Initiative Industrie 4.0. Deutschlands wesentliche Stärken werden in dieser konzertierten Aktion der deutschen Wirtschaft zusammengefasst: Prozessoptimierung, Automatisierung, Systematisierung.

...für Logistik als interdisziplinäre Fachrichtung. Logistik ist nicht nur der Transport von A nach B. Es ist Planung, Vorbereitung, Umsetzung, Anlagenbau, Streckenplanung und Kommunikation.

...für Intralogistik. Nahezu alle betrieblichen Aktivitäten sind logistischer Natur. Mit dem Fraunhofer IML ist die Intralogistik zu einer Königsdisziplin des Mittelstands herangereift.

...für Kennzahlen in der Logistik. Logistik kann man nicht nur sehen, man kann sie auch messen. Die Erarbeitung von mittelstandsgerechten Key Performance Indikatoren gehört mit zu den Leistungen im IML.

Ein Zehnkämpfer in der Logistics Hall of Fame – wir gratulieren.

50 Internet killed the Newspaper Star

Haben Sie den Song noch im Ohr, mit dem die New Wave Group The Buggles 1979 die Charts eroberte: »Video killed the radio star«? Der Nostalgie-Song beschwor einen alternden Star, der im Radio reüssierte und im Fernsehen floppte. Das ganze wurde mit reduzierter Bandbreite aufgenommen, so dass der akustische Eindruck einer frühen Radioübertragung aus den dreißiger Jahren entstand. Es war als »Single« aus einer »LP« ausgeklinkt worden – Sie wissen schon, diese ewig verkratzenden Vinyl-Dinger. Und wenn man es heute hören will, sucht man bei Google, bis man den richtigen Youtube-Clip gefunden hat...

Abgelegt am 26. November 2012

Der Wechsel vom Konzertsaal zum Aufnahmestudio war nicht das Ende der Musik, sondern der Beginn ihrer Demokratisierung. Der Wechsel vom Musik-Verlag zum Videoclip, von der CD zum mp3-Download war der Beginn ihrer Popularisierung. Zu keiner Zeit wurde auf der Welt mehr Musik gehört als heute. Und zu keinem Zeitpunkt wurde mit Musik mehr Geld verdient – nur nicht mehr von wenigen.

Und zu keiner Zeit wurde auf der Welt mehr gelesen als heute. Bevor es Visionen wie das Internet der Dinge gab, gab es bereits Phantasien vom Internauten, vom im Internet surfenden informierten Menschen, der sich nicht bei Redaktionen bedient, sondern bei Bloggern. Nicht, wer etwas schreiben darf, wird nun gelesen – sondern der, der etwas zu schreiben hat (oder auch nicht und es trotzdem tut).

Mit der Insolvenz der Frankfurter Rundschau und der wohl beschlossenen Einstellung der Financial Times Deutschland gewinnt in Deutschland eine Debatte an Fahrt, die nach Maschinensturm klingt. Und dieser Blog – ein Kind der Internet-Community – wendet sich entschieden gegen jene Kulturschelte, die dem Web als World Wide Wordprocessor entgegengebracht wird. Es geht nicht um das postulierte Junktim von Qualitätsjournalismus und Zeitungspapier. Es geht auch nicht um den Zusammenhang von Pluralismus und finanzieller Unabhängigkeit. Der Druck einer Zeitung garantierte niemals ihre Qualität, sondern immer nur das ihr zugrunde liegende Geschäftsmodell. Und das war ein Modell der Verleger, nicht der Schreiber.

Denn Verlage leben nicht von Lesern, sondern von Käufern. Im aktuellen Streit um die Zukunft des Journalismus geht es aber gar nicht um Inhalte, sondern um die Verwendbarkeit – die Fungibilität. »Fungibilität liegt vor, wenn die Sachen oder Rechte durch gleich bleibende Beschaffenheit (z. B. nach Zahl, Maß oder Gewicht) im Handelsverkehr bestimmt werden und durch jede andere Sache bzw. jedes andere Recht der gleichen Gattung und Menge ersetzt werden können«, weiß das Gabler Wirtschaftslexikon – und ich bin in der Lage, dieses Zitat schnell und einfach zu verwenden, weil es online verfügbar, also fungibel ist.

Seit es Online-Medien gibt, bin ich in der Lage, jederzeit aktiv am Meinungsstreit teilzunehmen – sozusagen als Teilzeit-Publizist. Ich muss mich nicht länger nach aufwändigen Produktionsprozessen – die Presse – ausrichten, um eine Meinungsäußerung, einen Diskussionsbeitrag, eine Idee in den öffentlichen Diskurs zu werfen. Und ich kann einen guten Gedanken mit meiner Community teilen – natürlich unter Wahrung der Quelle. Dies ist eine Frage der Wahrhaftigkeit, nicht des Mediums. Raubkopiert wurde immer – auch vor Gutenberg.

All dies hat die Diskussion, die Informationsverarbeitung, die Rezeption neuer Texte in meiner Umgebung erheblich vertieft und beschleunigt. Dem gegenüber stehen haptische Erfahrungen, die ich ebenso schätze: das Blättern in einer Zeitung oder das Öffnen eines Buches. Aber es gibt auch die (optische) Erfahrung in Flugzeugkabinen und ICE-Abteilen, die mit nach flüchtigem Durchscannen der Überschriften achtlos weggeworfenen Zeitungen zugemüllt sind. Das hebt zwar die IVW-Auflage, aber nicht die Achtung vor dem Qualitätsjournalismus.

À propos Haptik: Die ersten drei Jahre Bonnblogs gibt es jetzt als Buch. Aus Gründen der Nostalgie.

51 Gipfel der Bescheidenheit

Es ist nicht unbedingt so, als wäre vom siebten nationalen IT-Gipfel diese Woche ein Ruck ausgegangen. Eher eine Salve von Impulsen und Impülschen – ein bisschen intelligente Netze, eine Prise Gründerkultur nebst einer Willkommenskultur gegen Fachkräftemangel. Und das ganze wird serviert an einer Kooperation aus klassischer Industrie und ITK.

Abgelegt am 15. November 2012

Nichts war falsch auf dem Essener Gipfel, als Industrievertreter mit der Informationswirtschaft, Gründer mit Investoren und alle zusammen mit der Bundeskanzlerin sprachen. Aber ebenso wenig waren die diskutierten Themen neu – und ebenso wenig waren es die Lösungsansätze.

Es ist alles richtig: Politik und Wirtschaft müssen näher zusammenrücken, um das Großprojekt der intelligenten Vernetzung oder der vernetzten Intelligenz in die Wege zu leiten. Deutschland soll der Welt zeigen, wie effizient eine Ökonomie werden kann, wenn sie ihre Ressourcen richtig einsetzt, Reibungsverluste vermeidet und Synergien nutzt. Das sind die bekannten deutschen Königsdisziplinen – Prozessoptimierung, Logistik, Ressourcenmanagement und nicht zuletzt Kommunikation.

Es ist schon beeindruckend, wenn der Gipfel feststellt, dass 20 Prozent der Leistungszuwächse und Effizienzsteigerungen der Industrie durch Informations- und Kommunikationstechnologie befördert werden. Und es darf auch noch einmal gesagt werden, dass die Industrie der größte Kunde der Informationswirtschaft ist – übrigens: wer denn sonst. Aber nüchtern betrachtet sind diese Erkenntnisse doch so trivial wie die Feststellung, dass Autos nur dank der Petroliumindustrie zu diesem Welterfolg wurden. Ja, stimmt.

Aber wo soll Neues herkommen? Der Gipfel hat richtig erkannt, dass es vor allem darum geht, die richtigen Entscheidungen aus den Vorjahren weiter zu verfolgen. Mit mehr Engagement, mit mehr Fokus und mit weniger Abstimmungsaufwand zwischen Politik und Wirtschaft.

Was zu tun ist, ist reine Kärrnerarbeit. Für das Großprojekt Industrie 4.0 – der Synergie aus Industrie und Ingenium – müssen wir nur die Agenda abarbeiten. Oder um es in für alle verständlichem Fußball-Deutsch zu sagen: »Wir schauen von Spiel zu Spiel und müssen 100 Prozent unserer Leistung abrufen.«

Das Ziel, das der Essener Gipfel formulierte, ist anspruchsvoll: Die weltbeste Netz-Infrastruktur soll hierzulande Produktion und Services befördern. Die Zusammenarbeit zwischen der ITK-Branche und ihrem größten Kunden – der Metall- und Automobilindustrie, der chemischen Industrie und anderer Hightech-Branchen – soll verstärkt werden. Gründern soll der Eintritt in diese Gesellschaft erleichtert werden. Und ausländischen Fachkräften soll der Zugang zu diesem Markt schmackhaft gemacht werden.

Die weitere Beratung und Befassung geht nun in die Ausschüsse. Der IT-Gipfel hat eine breite Aufstellung angenommen. Insofern ist er eher ein IT-Hochplateau.

Eine Überraschung hatte der Gipfel in seinen Communiqués aber doch parat: Wenn wir im Sinne des Projekts »Industrie 4.0« die Zusammenarbeit zwischen deutschen Spitzenbranchen intensivieren, dann winkt für Deutschland im internationalen Vergleich ein Platz auf dem Treppchen. Denn aktuelle Statistiken sehen dieses Land bei der Industrie auf Platz fünf, bei der IT auf Platz sechs. Zusammen ergebe das Platz drei. Oder doch nur Platz elf?